"十三五"国家重点图书出版物出版规划项目

汽车运动与文化丛书　詹郭军　刘扶民　主编

汽车运动休闲特色小镇研究

姚启明　著

同济大学出版社

中国 · 上海

内容简介

汽车运动休闲特色小镇是以汽车及其相关产业为基础，以汽车运动与汽车文化为主题，集生产、展示、交易、赛事、科普、体验、旅游、娱乐、安全驾驶教育培训等多种功能于一体的新型城镇区域空间、新型产业融合体和汽车文化生长平台。

本书基于作者团队二十年研究实践，旨在厘清国内外特色小镇与汽车运动休闲特色小镇演变脉络与发展路径，探究特色小镇的顶层设计理念和运维方式，提出适合我国现状的研究模型理论；深入解剖国内外典型汽车运动休闲特色小镇案例，研究其资源禀赋、背景、路径和核心区创建方面的发展方向、问题与契机。本书首创性地将专业性的分析以生动的图文形式精准表达，旨在为读者提供全景式立体化的观察视角，为未来相关研究、探索和实践提供建设性的方向和思路。

本书适合从事汽车运动文化、体育产业和城乡规划领域研究和建设的在校学生、专家学者及从业人员，以及任何关心特色小镇建设、有志于促进汽车运动与文化发展的广大热心人士参考阅读。也可作为相关课程参考用书。

图书在版编目（CIP）数据

汽车运动休闲特色小镇研究 / 姚启明著 . -- 上海 : 同济大学出版社，2021.8

(汽车运动与文化丛书 / 詹郭军 , 刘扶民主编)

“十三五”国家重点图书出版物出版规划项目

ISBN 978-7-5608-8459-2

Ⅰ . ①汽… Ⅱ . ①姚… Ⅲ . ①汽车运动－小城镇－城市建设－研究－中国 Ⅳ . ① G872.1 ② F299.21

中国版本图书馆 CIP 数据核字（2021）第 154940 号

“十三五”国家重点图书出版物出版规划项目

汽车运动与文化丛书 詹郭军 刘扶民 主编

汽车运动休闲特色小镇研究

姚启明 著

责任编辑 高晓辉 宋 立 责任校对 徐逢乔

封面设计 陈益平 封面图片 贺 冰

正文制作 朱丹天 插 图 杨雅淇

出版发行 同济大学出版社 www.tongjipress.com.cn

（地址：上海市四平路 1239 号 邮编：200092 电话：021－65985622）

经 销 全国各地新华书店

印 刷 上海安枫印务有限公司

开 本 787mm × 1092mm 1/16

印 张 11.5

字 数 287 000

版 次 2021 年 8 月第 1 版 2021 年 8 月第 1 次印刷

书 号 ISBN 978－7－5608－8459－2

定 价 98.00 元

“汽车运动与文化丛书”编委会

总序

随着我国汽车行业的长足进步与汽车保有量的不断攀升，如何在发展的大环境中提炼文化核心，挖掘价值内涵，从而探索出一条符合新发展理念、服务于社会主义现代化建设的创新之路，是每一位涉足相关领域的科研工作者需要思考的问题。汽车运动和汽车文化响应了人民对美好生活的诉求，其良性发展需要长期的生长和积淀，更需要有前瞻性的开拓和引导。同济大学出版社“汽车运动与文化丛书”从这一角度出发，将作者在汽车运动与文化领域二十年来的理论与实践成果首次以专著形式集中展示，视角创新，内容翔实，构架宏大，立意深远。以专业的视角，对汽车运动与汽车文化的内涵、形式与发展进行高屋建瓴的系统化阐释。

“面向大众”系列书目以科普为主，内容涵盖了汽车主题公园、赛车场、汽车运动主题艺术、赛车运动与赛道安全生态系统等当今汽车运动与文化领域亟需普及或推广的热点话题，内容深入浅出，受众面广，适合汽车爱好者及一般读者宏观地了解国内外汽车文化、运动与安全领域的演进历程、发展现状和未来愿景。

“面向行业”系列书目为以学术研究为主，对汽车主题公园、汽车运动休闲特色小镇、卡丁车场和中小型赛车场等热点话题加以系统性研究，为从事汽车运动文化研究和场地建设的在校学生、专家学者与从业人员提供建议，也可作为培养汽车行业未来人才的教学参考。

丛书发起者和主要作者姚启明博士是我国赛道设计的开拓者，也是一位在汽车运动与文化领域有理想、有担当的专家学人。作为她攻读博士期间毕业论文的指导教师，我见证了她近年在汽车运动领域的大量学术积累与成功实践。从姚启明博士开启对汽车运动领域的探索至今，实践的二十年来，她亲历了汽车运动的起步与繁荣，身体力行地传播着汽车文化，为赛道和车手的安全保驾护航，更勇于担当社会责任。联合国家体育总局汽摩中心、公安部、交通部、同济大学建立并推广安全驾驶教育体验平台，致力于将汽车运动领域的研究成果和最新实践应用于交通安全领域；参与汽车运动行业的顶层设计，起草制定行业标准，为中国汽车运动的健康发展而不懈努力。

在行业内建立产学研深度融合的技术创新体系，在群众间提倡弘扬科学精神与普及科学知识，是十九大报告对中国特色社会主义进入新时代的关键时期提出的新要求。这也激励了高校学者在向学科领域潜心探索的同时，立足专业科学的理论，秉持严谨求实的精神，以推广普及的形式与深度思考下的实践，服务人民群众，为社会主义现代化而努力。

“文化兴国运兴，文化强民族强。”中华民族的伟大复兴需要高度的文化自信。本土汽车文化的培育将为我国文化创新创造活力。“汽车运动与文化系列丛书”的出版顺应了社会发展与群众需要，对处于转型期的汽车行业及相关领域，具有长远意义与重要价值。相信本丛书将不负众望，为国内汽车文化普及、汽车运动发展与交通安全的推广带来更多启迪和思考。

同济大学 党委书记　教授

2018 年 3 月

序

体育产业已经成为引领中高端消费、培育经济新增长点的重要引擎。党的十九届五中全会提出到 2035 年建成体育强国的远景目标，体育产业力争成为国民支柱性产业。在我国消费结构升级的大背景下，汽车运动以高度的产业融合适应性、强大的关联产业助推能力获得了来自各有关方面的密切关注。

近年来，我国汽车运动产业已初具规模，势头正劲，但也存在着体制机制不健全、区域发展不平衡、服务体系不完善等问题。与我国已进入汽车社会现状形成鲜明对比的是，体育消费还未能成为普通民众生活性消费的必要组成部分，汽车运动仍然存在“曲高和寡”之弊。特色小镇聚力发展主导产业，以城促产，以产兴城，倡导产业与人文的融合，而运动休闲特色小镇是推动体育产业高质量发展的有效途径之一。汽车运动休闲特色小镇作为汽车社会发展过程中特色小镇模式与“汽车 +”概念的结合，培育汽车运动休闲特色小镇，促进汽车运动扎根民众和广泛延展，有利于培育和推广汽车文化，充分发挥汽车运动在产业方面的强关联性，助力供给侧结构性改革，推进经济转型升级和新型城镇化建设；有利于提高人民生活水平，促进人的全面发展，更好地满足人民日益增长的美好生活需要。

汽车运动休闲特色小镇作为一类特殊的类型小镇，其良性发育将有效推动“体育 +”建设，促进体旅融合，助推乡村发展，培育体育新业态、新模式、新消费；将抓住国家体育消费试点的机遇，引导广大民众扩大体育消费；将促进业态格局的多元发展，为经济社会发展增添新动能。然而，由于汽车运动休闲特色小镇涉及学科范围广、专业性要求强、个性突出，放眼国内外相关领域，大多集中于实践层面，而系统性、代表性的理论研究成果暂付阙如。

如今，《汽车运动休闲特色小镇研究》一书问世在即。该书以解决实际问题为导向，对大量案例进行实地勘察和分析，针对过去五年特色小镇的创建成果，为读者提供全局性的纵览视角。既起到高屋建瓴的立论作用，又能为未来特色小镇培育工作提供切实可行的建议、参照和依据，具备高度的专业性与先导性，可谓意义深远，厥功至伟。

本书创造性地提出了体系完备的汽车运动休闲特色小镇建设理论框架，在深入剖析汽车运动休闲特色小镇发育机制的基础上，大胆将区域经济、经济地理、规划设计领域前沿理论导入研究方法，以跨学科的独特视角为汽车运动休闲特色小镇建设实践提供前瞻性的展望。援引案例的选取与理论阐发精准契合，尤其下篇中对法国勒芒小镇、美国斯皮德韦小镇、美国戴通纳小镇、英国赛车谷和德国沃尔夫斯堡等经典案例的精研，在充分调查的前提下，基于作者二十年从业经验与专业储备，进行全方位、多视角的深度分析，无论对顶层设计者、业内实践者还是该领域研究人员而言，都具有一定的借鉴意义与参考价值。

作者姚启明博士作为中国唯一一位获得国际汽车联合会许可的赛道设计师，多年来深耕汽车运动文化，自2004年中国大奖赛前夕承担DTM街道赛赛道设计至今，一路见证、陪伴和参与了中国汽车运动的迅速崛起。在国内汽车运动休闲特色小镇的理论研究与实践经验领域做出了意义深远的贡献。《汽车运动休闲特色小镇研究》是她率领团队历经五年积累与打磨的宝贵成果，该书的出版值得祝贺，也是属于广大读者的好消息。

时值“十四五”开局之年，正当全面提升体育产业治理体系与治理能力现代化水平、为健康中国和体育强国建设夯实基础的关键时期。愿《汽车运动休闲特色小镇研究》的出版有效推动汽车运动休闲特色小镇的良性培育，为健康中国与体育强国建设做出积极而长效的贡献。

刘扶民
国家体育总局经济司　司长
2021年6月

前言

近年来，伴随相关理论与实践的发展，国内对特色小镇的认识逐步加深，不乏颇有见地的专项性研究及值得参考的案例样本出现。但与此同时，特色小镇相关研究理论概念混淆、角度不一、体系庞杂，往往令有意获得全局认知的读者望而却步。特色小镇与特色小城镇并非一类全新的发展模式，而是城镇在新型城镇化大背景下，结合产城融合等思想指导的不断尝试。汽车运动休闲特色小镇是汽车社会发展过程中特色小镇模式与“汽车 +”概念的结合，是以汽车及相关产业为基础、以汽车运动与汽车文化为主题，集生产、展示、交易、赛事、科普、体验、旅游、娱乐、安全驾驶教育培训等多种功能于一体的新型城镇区域空间、新型产业融合体和汽车文化生长平台。

本书虽主要是针对汽车运动休闲特色小镇的研究，但不可避开特色小镇、特色小城镇、运动休闲特色小镇的概念定义、演变历程、发展现状、相关政策和培育要求等宏观性理论。在此基础上，本书侧重于汽车运动休闲与特色小镇的融合，囊括了特色小镇顶层设计、培育创建、开发运行、动态评估等热门命题。为此，书中将以权威、真实、可信为原则，将上述问题逐一厘清，在此基础上讨论作为下属分支和本书主题的汽车运动休闲特色小镇。希望以此为后来研究者提供参考和启发。

值得注意的是，将汽车运动休闲特色小镇的理论推而广之，也是特色小镇创建的普适性规律。希望读者在阅读时，在关注类型小镇培育的同时，借助本书提供的方法与视野触类旁通，为特色小镇培育开辟新的思路。

特色小镇与特色小城镇的发展在我国呈现出理论与实践并行的局面，故而本书作为一本试图开展系统性纵览的研究专著，不仅有必要将理论性概念条分缕析，更应针对具体案例进行多维度的观察和探索。《汽车运动休闲特色小镇研究》分上下两个篇章，上篇分为六个章节，分别阐述了汽车运动休闲特色小镇的定义、特点、发展意义等基础性概念，厘清国内外特色小镇与汽车运动休闲特色小镇的演变脉络，详解汽车运动休闲特色小镇基于相异的背景和条件而最终殊途同归的发展路径，探究特色小镇的顶层设计理念和运维方式，提出多维动态评估、地域扩张和成长周期三个维度的研究模型理论，给未来相关理论研究与探索提供建设性的方向和思路。下篇分为五个章节，深入解剖欧美国家的五个经典汽车运动休闲特色小镇案例，从资源禀赋、发展背景到发展路径和核心区创建逐一开展研究，分析现状存在的侧重方向、问题与契机，为读者提供全景式立体化的观察视角。

本书在编写过程中突出以下特点：

其一，本书基于作者二十年来专业积累和行业经验，关注汽车运动休闲特色小镇在各学科领域和发展维度中的定位与演变，从背景到形式条分缕析解读，力求视角宏观、立意深远。

其二，特别突出在培养和创建过程中顶层设计的重要性，贯通多个学科领域进行参照和分析，尤其强调明确发展定位和发展路径的作用，兼及规划与培育、开发与运行。

其三，注重已建成实际案例的研究和总结，选取发展成熟的国外小镇，全方位详细评点、厘清脉络、分析路径，并对其现状和未来做出合理预判及建议，以达到理论与实践互相参证的效果，为特色小镇创建提供全景式的参考样本。

本书的完成离不开同济大学建筑设计研究院汽车运动与安全研究中心诸位同仁的倾力协作和各方人士的热心帮助。鉴于笔者眼界学力所限，如有错讹之处，感谢广大读者的耐心包容，并恳请批评指正。

2021 年 5 月

目录

下篇 汽车运动休闲特色小镇经典案例

上篇

汽车运动休闲特色小镇建设理论

DENSO
CIRCUIT
POTENZA
BRIDGESTONE
BATTLAX
POTENZA

1 绪论

我们目前面临的问题是，要创造一个城市或城市的一部分的日益增长的整体性，需要什么法则以及这些法则在多少不同的层次上起作用。

——【美】C. 亚历山大 / A. 安尼诺《城市设计新理论》

1.1 汽车运动休闲特色小镇的定义

我国正处于经济发展的过渡转型期与城乡统筹发展的历史新阶段。一方面，以制造业为代表的许多产业，其大规模、低成本发展优势逐渐消失，迎来升级与转移的拐点；另一方面，我国城镇化经历了快速发展和加速发展阶段，在城市经历快速扩张后，城市群现象与城乡二元化差距凸显，小城镇逐渐成为衔接乡村与城市的重要纽带。在多重环境因素的驱动下，一种立足新型城镇化和产业结构优化升级背景的特色小（城）镇应运而生。自 2014 年起，特色小（城）镇以浙江省首开先河，在国家政策的指导和扶持下，迅速在全国范围内普及和推广。

特色小（城）镇包括特色小镇和特色小城镇两种形态。特色小镇是在几平方公里土地上特色产业、生产、生活和生态空间相融合，不同于行政建制镇和产业园区的创新创业平台；特色小城镇是拥有几十平方公里以上土地和一定人口经济规模、特色产业鲜明的行政建制镇[①]。特色小镇以产业为生命力，以创新为推动力，是新型城镇化的有效载体。根据自身产业优势和特色，特色小镇可划分为丰富多元的类别，汽车运动休闲特色小镇是特色小镇中最具特色、影响力和推广潜力的类别之一。

汽车运动休闲特色小镇，简称汽车运动休闲小镇[②]，是以汽车及其相关产业为基础，以汽车运动与汽车文化为主题，集生产、展示、交易、赛事、科普、体验、旅游、娱乐、安全驾驶教育培训等多种功能于一体的新型城镇区域空间、新型产业融合体和汽车文化生长平台（图 1-1）。我国作为汽车产销第一大国，汽车普及率逐年上升。汽车已超越

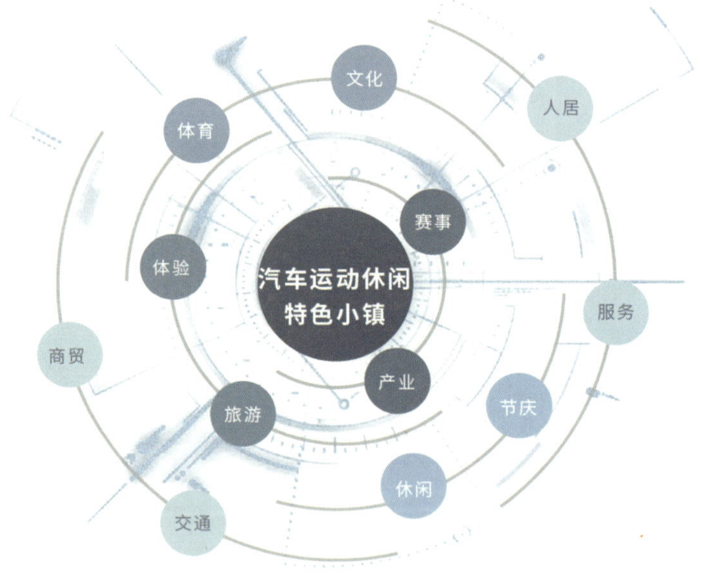

图 1-1　汽车运动休闲特色小镇的定义

① 国家发展改革委《关于加快美丽特色小（城）镇建设的指导意见》（发改规划〔2016〕2125 号）；国家发展改革委、国土资源部、环境保护部、住房城乡建设部《关于规范推进特色小镇和特色小城镇建设的若干意见》。

② 本书将重点论述汽车运动休闲特色小镇的相关内容，后续根据内容需要，部分将以“小镇”简称。当论述特色小镇、运动休闲特色小镇时，将统一不做简称，以示区分。

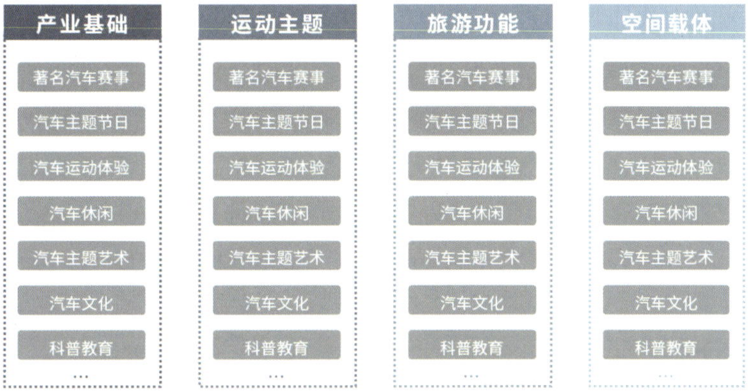

图 1-2　汽车运动休闲特色小镇的必需条件

了交通工具的实用性功能，不仅渗透到国民生活起居的各个方面，更以汽车运动和文化深入人们的精神需求，成为当代文化生活的重要组成部分。汽车运动休闲特色小镇是汽车社会发展过程中特色小镇模式与“汽车 +”概念的结合①。根据此定义进一步阐释，本书描述的汽车运动休闲小镇，应同时具备产业基础、运动主题、旅游功能和空间载体四个必需条件（图 1-2）。

1.1.1　产业基础

产业作为现代区域经济发展的前提，是所有特色小镇成长的基础。因此人们常说，特色小镇的“特色”二字即在于产业的非同质化优势。产业特征是区位上的要素差异使得区域内各种经济要素和产品在空间层面集聚、扩散的结果。

汽车及相关产业作为汽车运动休闲特色小镇的产业基础，为小镇的发展提供了物质保障和持续动力。小镇特色产业可涉及以下几个方面。

（1）汽车工业方面：汽车零配件制造、整车组装、汽车物流、汽车销售、汽车服务、二手车交易、汽车改装等。

（2）文化、体育与旅游方面：文艺表演、驾驶体验、汽车摩托车比赛、自驾旅游、汽车运动主题性旅游等。

（3）技术服务、科研与教育方面：驾驶培训、汽车测试、新能源汽车研发、智能网联与无人驾驶等。

尽管可发展的方向不一而足，但如果需要支撑小镇体量的整体发展，仅凭单产业难以发挥作用，需要多产业的集成与联动。因此，要求小镇中各产业之间的关联度强，能够形

① 姚启明. 汽车运动与文化主题公园 [M]. 上海：同济大学出版社，2017。

成一定规模的集聚，并且拥有合理的生产结构和发展体系。汽车运动休闲特色小镇依据发展条件不同，其产业基础也不尽相同，但应统一围绕汽车相关产业开展布局。原有的地方特色产业需与规划后的重点发展产业协调融合，而后续植入产业宜与当地原有产业形成优势互补。

小镇的产业基础在培育初期、运营期与自我更新期对产业的经济结构、区位布局、联动程度、规模和配套等方面拥有不同层次的要求，尤其以培育初期针对当地产业背景而实施的相关举措最为关键，本书将在第 4 章中对此详细说明。

1.1.2 运动主题

“运动”一词指的是现代体育运动的概念，是指利用专门的体育项目、锻炼方法、娱乐活动等，在以人为核心的基本前提下挖掘健康价值与经济价值。汽车运动休闲特色小镇以汽车运动与文化为核心，以著名赛事、汽车运动主题节日、汽车运动体验等活动为体现形式，以全民参与的汽车运动休闲活动充实内容，以汽车主题人文艺术丰富主题。因此，小镇具有一定的文化影响力，在周边可发挥引领带动效应，能够形成浓厚的文化氛围和具有影响力的文化品牌。

1.1.3 旅游功能

汽车运动休闲特色小镇须完善以旅游为主体的消费机制体制，充分激发消费潜力。一方面，人文景观与自然景观相协调，依托风景名胜、历史遗迹、传统村落等特色旅游资源，优化配套服务和综合管理，建立开放共享的全域旅游目的地。另一方面，旅游与农林、交通、环保、科教、体育充分融合，形成如主题性艺术活动、汽车自驾露营、汽车竞赛表演等跨越多领域的业态，当新兴产业逐渐发展形成一定规模后，将带动传统产业提档升级，从而改善产业整体结构。

1.1.4 空间载体

小镇不同于行政镇或产业园区，是生态友好和舒适宜居的新型城镇区域空间，只有以具备人口、资源、环境和经济等属性的一定空间为载体，小镇才具备健康发展的立足点和可能性。在一定的空间载体基础上，汽车运动休闲特色小镇应优先以舒适宜居为公共服务导向，合理规划，完善基础设施配置，让教育、卫生、医疗、养老等配套服务高效便捷，从而使居民具有高度的身份认同感。

以上四个方面同时体现在“汽车运动休闲特色小镇”这一名称中，“汽车运动休闲”

对应运动主题和旅游功能；“特色”对应产业基础，而产业中运动主题和旅游功能也是最需要体现的方面；“小镇”即是指新型城镇区域空间这样一种培育范围和空间载体。这四点要素共同组成了汽车运动休闲特色小镇的内涵，缺一不可。

1.2 汽车运动休闲特色小镇的特点

汽车运动休闲小镇因其概念新颖，视角多元，拥有多路径、多方向的发展潜能，故而无论在理论还是实践方面，都具有鲜明的灵活性和创新性，具体体现在体制机制、区位、产业、功能、形态、布局等多个方面。

1.2.1 体制机制特性

汽车运动休闲小镇的体制机制与特色小镇具有一定共性，即灵活性、整体性、可持续性，以及对各方参与度的要求高等。在此基础上，汽车运动休闲小镇由于主题、功能和产业方面的特征，也存在着部分特性，比如，须同时重视事业性与经营性，须建立对接国际的合作机制等。

（1）灵活性。汽车运动休闲小镇具有多产业交叉领域的优势，因此更有利于打破各主管部门权力分散、缺乏沟通渠道的局限，便于推进各方协调和统一治理，以实现体旅融合、“体育＋交通”等方向的深入探索。

（2）整体性。小镇应推动整体性治理，既要协调政府内部各主管部门之间的职能，又要整合已有资源，统一推进，避免因各部门之间治理分散而出现公共服务重叠或缺失的情况。

（3）可持续性。与许多评选的一次性命名制不同，目前特色小镇和运动休闲特色小镇均实行创建达标制，对于创建名单中的小镇，持续开展评估督导和优胜劣汰，灵活地将评选机制与退出机制相结合。政府及小镇管理委员会则应设计相应的监测统计指标，反映进程和结果，及时发现漏洞，弥补不足，确保市场良性运转和公共服务逐步完善。创建制与监测机制双管齐下，从而保证小镇发展的可持续性。

（4）多方参与性。小镇属于发展单元，而非行政单元，因此需要成立专门的管理委员会，以保障决策的科学性和管理的高效性。政府不再完全沿用传统的科层治理模式和行政指令方法，而应当以协调者的身份，充分发挥市场主体作用，引导社会力量共同建设。

（5）事业性与经营性并重。由于体育同时具备事业性和经营性的特性，因而在以上特性的基础上，既要利用市场化改革推动体育产业的发展，也要重视体育事业建设，提高公共服务质量，满足人们对美好生活的需要。

（6）国际化需求。汽车产业与汽车运动起源于欧洲，时至今日，欧美国家仍然是世界汽车运动的主导者。小镇在开展以汽摩运动为代表的特色活动时，一方面要基于地域特色，培养独有的文化氛围；另一方面要吸收国外优秀经验，积极创造条件对接国际成熟赛事，开展交流合作，打造与世界对话的平台。

1.2.2 产业经济特性

汽车运动休闲小镇中的特色产业与核心产业常见的有汽车、休闲、体育和旅游等，具备以下几方面的特点。

（1）产业定位明确。小镇内部拥有以汽车相关产业为依托的、合理的产业空间组织形式；产业定位明确且符合发展需要，结构合理，具备优势产业。

（2）产业布局集中。集聚部分特定产业以提高资源的利用率，但全产业链可根据具体的需求组织空间，与周边地区的功能联动协同。

（3）产业业态创新。产业附加值高，相较周边区域具备发展的优势要素。

（4）产业区位优势明显。与大城市或枢纽型城市具备一定联系，经济产业发达或某类资源禀赋突出。总体来看，一部分小镇分布在经济发达的都市圈①，与大城市有便利的区位联系和交通联系，以便于产业上下游的关联配合和业态拓展延伸；还有一部分小镇诞生于汽车相关产业集聚地、交通枢纽或旅游休闲资源丰富的地区。

（5）产业业态延伸。产业拥有一定的延伸导向，延伸性的业态以核心产业为基础，并存在发展的潜力和动力。

1.2.3 功能形态特性

小镇不同于产业园区单一功能配置的形式，需要各产业有机互动，形成适合的发展路径。小镇要可持续发展，就必须与周边地区功能协同，避免自身区域内的封闭配置，根据供给和需求，灵活地组织和调整空间布局与产业结构。在布局特征方面避免大而无当的现代城市模板，应追求精细化、地域化和生态化。

（1）生态和谐。居住自然资源丰富，人文特色鲜明，对历史文脉有相对完整的保留。

（2）规划科学，尺度较小。相对大城市而言，小镇拥有更小的空间，更利于营造适宜的人居尺度。因此在建设时不可沿用照搬城市中心区的规划设计布局，而应因地制宜，因势利导。

① 杨保军，曹璐．特色小镇：观察与思考 [M]// 赵弘．中国区域经济发展报告（2017—2018）．北京：社会科学文献出版社，2018。

值得一提的是，尽管汽车运动休闲特色小镇需要科学高效的顶层设计，但特色小镇不能仅依赖于规划，而要经过适当的引导和培育，遵循一定的发展规律，经过自然生长而成型。脱离小镇发展实际情况的规划不仅无益于小镇的建设，甚至会阻碍小镇的发展。

1.3 汽车运动休闲特色小镇的发展意义

探讨汽车运动休闲特色小镇的发展意义，不仅是在讨论对于以汽车产业为代表的系统性产业如何实现一定的升级与转型、为现代化建设永续地提供活力，更是在探讨综合性产业如何在社会层面促进国民经济的发展与人居质量的提升。

1.3.1 汽车社会

"汽车社会"一词起源于日本的"车社会化"概念，用于描述汽车进入快速普及时期后与自然资源、人口环境、经济发展等相互影响而形成的新的社会形态①。根据公安部统计，2020 年全国机动车保有量达 3.72 亿辆，其中汽车 2.81 亿辆；机动车驾驶人达 4.56 亿人，其中汽车驾驶人为 4.18 亿人；全国汽车保有量超百万辆的城市为 70 个，超 200 万辆城市为 31 个，超 300 万辆城市为 13 个②。汽车社会机动化程度显著提高，城市文明的扩张速度明显加快，由单中心向多中心转变的城市群落逐渐形成。

汽车运动休闲特色小镇是汽车社会发展到一定阶段后，以文化的形式向普通民众沉积、以普及的姿态向生活各方面延伸后的产物之一。由于小镇可容纳的业态涉及汽车相关产业链条中的方方面面，因而可以被视为汽车在满足人们交通需求的基础上，大范围拓展了其内涵和外延的一种表现形式。同时，汽车运动休闲特色小镇也是促进汽车社会健康发展，造福于大众的途径。许多城市甚至国家以引入汽车运动休闲的方式促进当地对汽车产业链的快速吸纳，从而达到激活市场、吸引投资、加快转型的目的。

1.3.2 社会发展

从社会全面发展的角度来看，小镇的规划建设能够促进土地升值，增加居民就业；随着产业结构的转变，人口的就地城镇化得到进一步促进；使高端技术人才集聚，社会创造力明显提升；由于治理方式不拘泥于传统的科层治理模式，将有利于创新治理方式和发展

① 中国汽车技术研究中心．中国汽车社会发展报告 [M]. 北京：机械工业出版社，2016。
② 数据来源：国家统计局，中华人民共和国公安部交通管理局。

路径，成为创新治理的试验平台。

特色小镇对于新型城镇化的作用同样值得重视。特色小镇需要一定的城镇空间作为发展载体，因而其培育与地区发展密不可分。在我国，小城镇承担着城市和乡村之间空间形态与社会经济的节点功能，在城市化的推进过程中，针对不断萌生的容量超负荷、“千城一面”和建设治理粗放等问题，小城镇成为一条精准治理的解决路径。特色小镇在城乡结合的区域进行特色产业的集中挖掘和培育，以点带面整合城乡资源，优化资源配置，成为推进新型城镇化战略实施的有力抓手。对于大城市周边的特色小镇而言，其培育是城市高端要素集聚的过程，不仅有利于疏解大城市压力，进一步完善城市空间的布局，还有利于有效盘活已有资源，吸引高端人才，继而增加城市活力；对于远离大城市的特色小镇，医疗、教育、卫生等公共服务设施和基础设施建设在培育的过程中得到完善，有利于该地区实现就地城镇化，缩小城乡差距，带动区域发展。

1.3.3 产业经济

培育作为新兴产业集聚区的特色小镇，有助于根据区域特色开发适合自身发展的生产要素，形成产业集群，随着产业链的逐步完善，资源利用效率和资源配置能力可以得到明显的优化，形成从特色产品到特色产业的良性循环，以点带面地完善关联产业，提高整体的发展水平。

当前，我国实行供给侧结构性改革的重要目的之一是解决产业链存在的短板。在汽车制造领域，高效率发动机、自动变速箱、电控系统等模块长期处于产品进口后在国内组装的状态[①]，而新能源汽车、智能网联、无人驾驶等新兴领域亟待抢占先机，总量的结构性过剩以及需求与生产不匹配现象让去产能提上日程。汽车运动休闲特色小镇从汽车相关产业入手，以具备高竞争力的研发生产充分激发社会活力，及时解决因当地政府干预而引发的长期产能过剩问题，以休闲产业发展公共服务，注重科技创新与生态环保，针对性地为行业提供自主调整生产结构的先锋地和试验田。

1.3.4 文化、体育与旅游

文化是特色小镇的重要特征与内在气质。文化产业通过市场将无形的文化实现为有形的文化产品和文化服务。让文化品牌建设的空间需求与特色小镇培育的空间尺度相契合[②]，

① 白让让．供给侧结构性改革下国有中小企业退出与“去产能”问题研究 [J]. 经济学动态，2016（7）：65-74。
② 胡德平．构筑时代发展新坐标——全国运动休闲小镇建设的意义、现状与未来 [M]// 刘国永，戴健．中国群众体育发展报告（2018）．北京：社会科学文献出版社，2018。

图 1-3　纽博格林赛道线形作为文化标志

因而小镇在挖掘要素、带动文体旅产业发展和树立文化品牌方面与大城市相比具备更多的优势。国家体育总局办公厅在《关于推动运动休闲特色小镇建设工作的通知》（体群字〔2017〕73 号）中指出，运动休闲特色小镇要“以独具特色的运动项目文化或民族民间民俗传统体育文化为引领，形成运动休闲特色名片”。跨界融合、组合创新式的文化产业逐渐成为经济发展的重要引擎。

文化特征同样体现在体旅产业方面，汽车运动休闲特色小镇的培育有利于促进体育产业从实物型消费向参与型和观赏型消费扩展；方便对当地旅游资源的统一整合与优化配置，从而规划全域旅游项目的创建和发展，全面优化旅游消费环境，最终提升小镇的文化吸引力与影响力，打造小镇独有的形象和名片。德国著名的纽博格镇（Nürburg）以纽博格林赛道（Nürburgring）为文化标志（图 1-3），其深厚的汽车运动底蕴、悠久的汽车测试传统、亲民的驾驶体验过程和优美的德国乡村景观支撑起文化凝聚力的内核，为小镇的发展提供了市场与品牌的双重动力。

1.3.5　生态保护与可持续开发

特色小镇的建设初衷与生态保护有着千丝万缕的关联，国家发改委在《关于加快美丽特色小（城）镇建设的指导意见》（发改规划〔2016〕2125 号）中提出“鼓励有条件的小城镇按照不低于 3A 级景区的标准规划建设特色旅游景区”，特色小镇的培育立足于绿色发展，而汽车运动休闲特色小镇的特色旅游与运动休闲可实现经济活动对环境负面影响的最小化，建立起从生态到休闲、再回归生态的循环经济模式。特色小镇的滚动式开发为休闲旅游生态环境管理的精细化创造了有利条件，特色小镇一般采用的保护性开发方法，有利于使小镇保持高水平的环境质量，建立可持续的发展路径，成为生态文明改革的试验区。

1.4 小结

本章梳理了特色小镇、特色小城镇和汽车运动休闲特色小镇的概念，进一步阐释了汽车运动休闲特色小镇的必要条件、生长特性和发展意义。

特色小城镇和特色小镇立足新型城镇化和产业结构优化升级背景而诞生。特色小镇是在几平方公里土地上集聚特色产业，生产、生活、生态空间相融合，不同于行政建制镇和产业园区的创新创业平台；特色小城镇是拥有几十平方公里以上土地和一定人口经济规模、特色产业鲜明的行政建制镇。

汽车运动休闲特色小镇是汽车社会发展过程中特色小镇模式与“汽车 +”概念的结合，需要具备产业基础、运动主题、旅游功能和空间载体四个必要条件。其中，产业基础为小镇提供发展的物质保障与持续动力；运动主题为小镇营造文化氛围，打造具有影响力的文化品牌；旅游功能充分激发小镇消费潜力，优化产业结构；空间载体为小镇提供可持续发展的立足点与可能性。

汽车运动休闲特色小镇具有灵活性、整体性、可持续性、多方参与性，兼具事业性与经营性、国际化等体制机制特性，具有产业定位明确、产业布局集中、产业业态创新、产业区位优势显著、产业业态延伸等经济特性，以及生态和谐、规划科学的功能形态特性。

发展汽车运动休闲特色小镇，是汽车社会达到一定阶段后的必然指向之一，也是我国精准治理、新型城镇化建设的有效实践。培育作为新兴产业集聚区的汽车运动休闲特色小镇，有助于优化资源配置和提高资源利用率，从而提升区域产业的发展水平；有助于培育特色文旅体产业，在形成经济增长引擎的同时打造地方形象，凝聚文化内核；有助于通过保护性、滚动式开发和精细化管理建立循环经济，建立可持续的生态发展路径。

2 国内外演变历程与现状

占据是机动的，但又是固定的。它可以是随机的和无序的、有规划的或无规划的、可变更的或不可变更的、改良的或恶化的、疏远的或简单的，这些都在自我形成的过程中变得自然起来。

——【德】弗雷·奥托《占据与连接》

2.1 国外汽车运动休闲特色小镇的诞生、演变与现状

2.1.1 城市与经济背景

为了尽可能全面地描述具有综合性复杂定义的国外汽车运动休闲特色小镇，本节将从国外特色小镇的概念与实体开始讲起。

特色小镇的理论与实践主要从城乡规划与产业经济两个方面同步推进。欧美国家对于长期居住的小镇具有高度的认同感和归属感，早在工业化起步之初，小镇就已经是人们日常生活的主要载体。19 世纪下半叶，工业发展伴随着城市扩张，成为全世界的普遍趋势，尽管城市中心在此之前已经出现了千年之久，但随着以汽车为代表的交通变革兴起，街道的尺度相应产生变化：从城市中心到周边，街道和建筑物的分布逐渐从密集变得疏朗[①]，而城市生长蔓延的速度急剧加快。到 19 世纪末，英国的城市已经负担了全国人口的 80% 之多[②]。但城市的扩张超出了人们的驾驭范围，城市形态呈现出明显的拼贴性，居住环境质量一再下降[③]。于是，针对欧美国家城镇化发展过程中遭遇的“城市病”问题，学者们开始关注适合人居尺度的城市空间规划。1898 年英国学者霍华德（E. Howard，1850—1928）提出的“田园城市”被普遍认为是最早与特色小镇相类似的空间规划理论之一，霍华德主张城乡一体，用功能齐全的小城市群替代大城市的规模性扩张，并将健康、游憩和教育放在重要地位（图 2-1）[④⑤]，对世界城乡规划事业发展产生了深远的影响。英国和美国分别在 20 世纪 40 年代与 60 年代开启新城建设，借助在大城市郊区建设小城镇、积极发展城市边缘镇的方法分散城市职能，缓解大城市的住房、生活和就业压力。现代城乡规划理念的变革促进了小城镇生长。

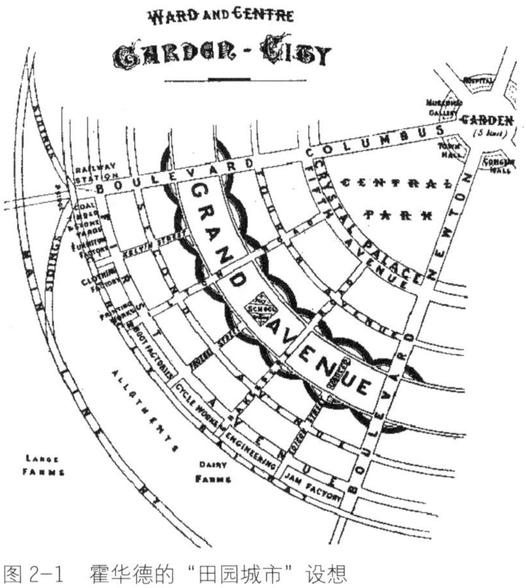

图 2-1　霍华德的“田园城市”设想

---

① [卢] 罗伯·克里尔 . 城镇空间：传统城市主义的当代诠释 [M]. 金秋野，王又佳，译 . 北京：中国建筑工业出版社，2007。

② 张京祥 . 西方城市规划思想史纲 [M]. 南京：东南大学出版社，2005。

③ 王建国 . 现代城市设计理论和方法 [M]. 南京：东南大学出版社，2001。

④ 埃比尼泽·霍华德 . 明日的田园城市 [M]. 金经元，译 . 北京：商务印书馆，2009。

⑤ Garden Cities of To-Morrow (London，1902. Reprinted，edited with a Preface by F. J. Osborn and an Introductory Essay by Lewis Mumford. (London： Faber and Faber，[1946])：50-57，138-147。

与此同时进行的是产业经济角度的中心转移。俄国地理学家彼得·克鲁泡特金（Peter Kropotkin，1842—1921）提出不应一味追求大工业在大城市的集中，强调小城镇里小工业集群与农业结合在一起的优势，他认为，“新的工业部门总是小规模起步；如果在小城镇建立起能激发审美力和创造力的机构，它们就能在小城镇和在大城市一样繁荣。”① 因为现代的电气交通和电力具备非凡的灵活性和广泛的适应性，可以为城市向小城镇伸延发展奠定基础，这些小城镇中人们直接接触、享受城市与乡村的双重优势③。当产业结构在空间上的合理分配逐渐稳定，居住要素随之完备后，大学城、公司城、产业城相继出现，以产业为基础的特色小镇逐步成型。于是，在城市规划与产业经济两方面的驱动下，美国与西欧国家对小镇的开发和培育逐渐完善（图 2-2）。

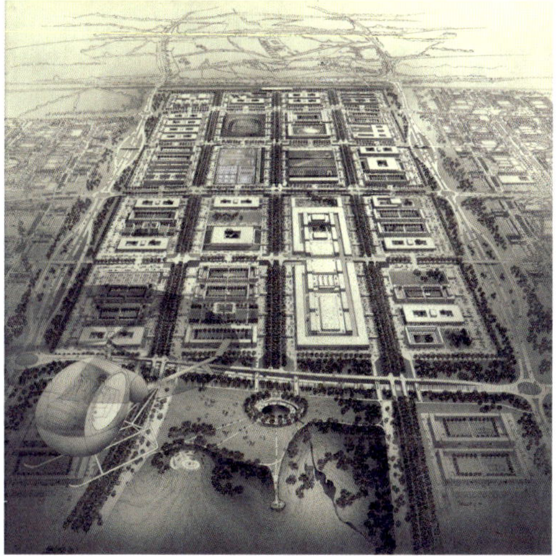

图 2-2 《1990 年的米尔顿凯恩斯》②

现代城乡规划与管理、区域经济学等专业领域的思潮逐渐从大城市向边缘城镇和新城倾斜的趋势，对提升小城镇地位产生了深远的影响，也为汽车运动休闲特色小镇的出现提供了有力条件，并打下经济社会层面的发展基础。

2.1.2 概念的出现

汽车运动休闲特色小镇的概念就是基于以上背景诞生。汽车发明于 19 世纪末期，随着技术的进步和生产力的提升，20 世纪初的汽车从特权阶层的所有物逐渐走向普罗大众，成为主流的交通工具。汽车产业提供了大量就业岗位，形成区域性的产业集聚。汽车在带来便捷的同时，也满足了人们的精神需求。汽车运动在汽车发明后不足十年的时间便出现了，自驾旅行伴随汽车长途性能的提升走进人们的生活，汽车从代步工具逐渐成为生活的伙伴，这些加深了人们对汽车生活的认同感；汽车运动的大众化发展，与国际体育产业全球化、

① “As for the new branches of industry which I have mentioned at the beginning of the previous chapter，they always must make a start on a small scale; and they can prosper in small towns as well as in big cities，if the smaller agglomerations are provided with institutions stimulating artistic taste and the genius of invention.—Small Industries and Industrial Villages” Kropotkin P A. Fields，Factories and Workshops： Or，Industry Combined with Agriculture and Brain Work with Manual Work[M]. G.P. Putnam's Sons，1913。

② 画家赫尔穆特·雅各比（Helmut Jacoby）在 1971 年绘制的美术作品《1990 年的米尔顿凯恩斯》（*Milton Keynes in 1990*）描绘了英格兰白金汉郡的米尔顿凯恩斯村庄作为 1967 年英国政府规划委新市镇的未来愿景。

③ 刘易斯·芒福德 . 城市发展史 [M]. 宋俊岭，倪文彦，译 . 北京：中国建筑工业出版社，2005. 526-527。

图 2-3　1894 年巴黎—鲁昂汽车比赛

集约化、垄断化[①]的趋势相配合，使汽车运动休闲具备支撑地区发展的产业实力，以上种种因素强化了汽车运动休闲特色小镇培育的可能性与现实性。

20 世纪前后，法国巴黎出现了汽车运动休闲特色小镇最早的雏形。19 世纪末到 20 世纪初，处在法兰西第三共和国时期的法国巴黎由于拥有完备的现代化公路网和大批手工业作坊，诞生于德国的汽车在这里找到了土壤。在同时拥有生产力和市场后，汽车产业在巴黎集聚。此外，法国巴黎的贵族们不仅将新生的汽车作为身份和地位的标志，而且将体育运动作为上流精英的社交媒介[②]，在此背景下，巴黎出现了最早的汽车比赛（1894 年《小日报》举办的巴黎—鲁昂汽车比赛，图 2-3）、最早的汽车运动管理组织（1895 年成立的法国汽车俱乐部，图 2-4），以及包括工程师、媒体与贵族在内的汽车运动最早的参与者。以巴黎为据点的汽车运动作为当时汽车性能的最直观体现，显著地巩固了法国在世界汽车行业的统治地位。1898 年，全球首个国际性车展——法国巴黎车展在巴黎杜乐丽花园举行；1904 年，管理世界汽车运动并代表全球汽车使用者利益的国际汽车联合会（Fédération internationale de l' automobile，FIA）前身世界汽车俱乐部特许协会（L' Association internationale des autowobile-clubs reconnus，AIACR）在巴黎成立[③]。1905 年，法国贸易部长称当时的法国汽车产业是“一个仅仅 10 岁的产业，养活了 15 万工人的家庭，每年出口数量上亿的产品”[④]，而巴黎正占据着这个产业中心的主动脉。汽车产业与汽车运动相辅相成，让巴黎成为最早的汽车运动之城，巴黎之后，随着汽车行业在世界各地百花齐放，一批以汽车及相关产业为基础、以汽车运动与汽车文化为主题的小镇以千姿百态的风貌成长起来，小镇的形式与内涵也逐渐丰富。

图 2-4　1898 年迁址协和广场的法国汽车俱乐部

2.1.3　形式的演变

通过对发展过程的分析，国外汽车运动休闲小镇的形成过程根据发起主体不同可分为两类，分别为自发萌芽的小镇和定向培育的小镇。

① 丛湖平 郑芳 . 体育经济学 [M]. 北京：高等教育出版社，2015。
② Cofaigh É Ó. Motor sport in France： Testing-ground for the world[J]. The International Journal of the History of Sport，2011，28(2)：191-204。
③ 姚启明 . 汽车运动百年史话 [M]. 上海：同济大学出版社，2019。
④ Express，28 December 1905。

自发萌芽的小镇，指的是以当地某汽车品牌、赛车场、试车场等影响力为基础，随着规模与价值的扩大以及相关产业集聚，由参与这些业态的常住人口组成社区，最终推动小镇的成形。其显著特点一般为市场初始要素的低成本介入，这类小镇多出现于拥有较多汽车运动的文化氛围与历史积淀的欧美国家。例如从银石赛道附近赛车产业集聚发展而来的英国“赛车谷”，由印第安纳波利斯赛道上赛车产业链发展而来的印第安纳斯皮德韦小镇，由赛事传统和体育节日文化发展而来的英国古德伍德小镇，将汽车运动传统传承下来并形成地域特色的“速度圣殿”蒙扎等。以上案例将在后文中详细剖析，它们的共性是生长周期长，文化内涵丰富，各具特色并同时拥有科技、文化、旅游和产业等多方面的不可替代性。与此同时，这些小镇的出现依赖一定的历史原因，其时代特征、地缘特征和民族特征浓厚，具有鲜明的不可复制性。一旦离开特定的背景和环境，小镇的吸引力和造血能力将会大打折扣。

定向培育的小镇则属于有目的和方向的促进，是在有发展需要的地区，在政府相应政策和法令的引导和支持下，有选择地引进汽车运动、文化休闲以及新兴技术的要素，与当地原有资源进行嫁接和培植，从而发展起来的。例如德国沃尔夫斯堡利用大众汽车品牌将工业厂区与乡村结合，升级为主题性休闲小镇；阿联酋阿布扎比引进汽车运动和汽车主题公园，将其打造为高端定位的休闲都市；印度为实施新德里大城市疏解而规划捷彼体育城（Jaypee Greens Sports City）；美国“汽车城”底特律抢占行业制高点建设智能网联与无人驾驶小镇，等等。以上案例在后文中将详细说明，这类小镇不受地域和发展程度的严格限制，共同点是规划先于培育，资本有意识地向培育特色的方向倾斜，初期的内容具有一定的兼容性，随着滚动式的开发逐渐探索出小镇的产业特色和地域文化。由于在培育这类小镇时主观能动性的影响大于历史偶然性因素，对创建工作的依赖性强于自发萌芽的小镇，因而具有更普遍的借鉴意义。

2.1.4 现状概述

由于各自特定的历史背景和资源环境，汽车运动休闲特色小镇的发展需求也有着鲜明的特点。前文提及的自发萌芽的小镇已基本拥有成熟的运转模式，并且形态多样、功能完备，正在向新兴领域拓展，进行着生态化和智能化的探索。这类小镇的文化意象已经深入人心，因而其输出倾向于特色赛事的系列化和特色节日的联动化，利用文化品牌的知名度扩大影响力。典型的案例有从法国勒芒小镇走出的勒芒系列赛、世界耐力锦标赛，从印第安纳波利斯斯皮德韦赛道小镇走出的印地系列赛车等。

定向培育而来的小镇发展节点各不相同，这些依据具体条件量身引进汽车运动休闲元素的小镇汲取外来经验，融合地域特色，发挥新兴优势，拥有高度的灵活性与适应性，其影响力同样不可小觑。

2.2 国内汽车运动休闲特色小镇的诞生、演变与现状

我国汽车运动休闲特色小镇是自然形成与政策引导相结合的产物，尤其以政策推动为主导，但诞生的要素与国外大体相仿，都是伴随城市的演变与汽车社会的发展而出现的。本节将探究从特色小镇到运动休闲特色小镇的诞生和演变，从汽车、体育、旅游、休闲产业等多角度厘清汽车运动休闲特色小镇在我国的发展历程。

2.2.1 发展背景

我国“特色小镇”的概念早已有之，伴随实践的探索经历了一系列演变。云南省、海南省也分别在 2003 年和 2011 年左右提出建设特色旅游小镇，依托当地旅游资源建设具有当地特色的小城镇；以江苏周庄、浙江乌镇为代表的古镇也从 20 世纪末开始积极探索小城镇特色旅游形式。2012 年，杭州云计算产业园转型，致力于打造以云计算产业生态为主的小镇“云栖小镇”；2014 年 10 月，时任浙江省省长的李强在参观云栖小镇时首次公开提及特色小镇；2015 年，特色小镇首次写入浙江省政府文件《浙江省人民政府关于加快特色小镇规划建设的指导意见》（浙政发〔2015〕8 号）。此后，浙江省推广特色小镇模式；2015 年 6 月，浙江省首批 37 个省级特色小镇创建名单出炉。浙江省将小镇作为产业转型升级的发展平台。

在浙江省特色小镇培育取得阶段性成果的背景下，2016 年 2 月，国务院发布《关于深入推进新型城镇化建设的若干意见》（国发〔2016〕8 号），提出“加快培育中小城市和特色小城镇”，“加快特色镇发展”，鼓励“发展具有特色优势的休闲旅游、商贸物流、信息产业、先进制造、民俗文化传承、科技教育等魅力小镇，带动农业现代化和农民就近城镇化”；同年 7 月，《住房和城乡建设部、国家发展改革委和财政部关于开展特色小镇培育工作的通知》（建村〔2016〕147 号）发布，要求到 2020 年，“培育 1000 个左右各具特色、富有活力的休闲旅游、商贸物流、现代制造、教育科技、传统文化、美丽宜居等特色小镇，引领带动全国小城镇建设”，并于 10 月公布第一批特色小镇名单①。

我国对特色小镇培育工作的支持，在各地引发了特色小镇的创建热潮，这也进一步提升了国家对特色小镇和小城镇的重视程度。2016 年 10 月，国家发展改革委发布《关于加快美丽特色小（城）镇建设的指导意见》（发改规划〔2016〕2125 号），其中强调了特色小

① 《住房城乡建设部关于公布第一批中国特色小镇名单的通知》（建村〔2016〕221 号）。

镇和特色小城镇的重要性，即推进供给侧结构性改革的重要平台和深入推进新型城镇化的重要抓手，并提出了具体的建设意见；2016 年 12 月，发展改革委发布《关于实施“千企千镇工程”推进美丽特色小（城）镇建设的通知》（发改规划〔2016〕2604 号）；2017 年 12 月，在第二批特色小镇名单[①]公示 4 个月后，国家发展改革委、国土资源部、环境保护部和住房城乡建设部四部委联合发布《关于规范推进特色小镇和特色小城镇建设的若干意见》（发改规划〔2017〕2084 号），将特色小镇和小城镇建设工作正式从住建部主导转变为发改委牵头推进，并将两批 403 个“全国特色小镇”更名为全国特色小城镇，文件中指出，特色小镇和小城镇的推进过程中在获得一些进展和经验的同时，出现了“概念不清、定位不准、急于求成、盲目发展以及市场化不足等问题”，部分地区“甚至存在政府债务风险加剧和房地产化的苗头”，文件提出了坚持创新探索、因地制宜、产业建镇、以人为本、市场主导五条基本原则和实行创建达标制度、严防政府债务风险、严控房地产化倾向等若干重点任务，此外制定了组织实施的具体要求，这一文件的发布，也标志着特色小镇与特色小城镇的建设工作走出“狂热期”，进入“冷静期”。

节奏放缓的特色小镇与小城镇建设从概念被滥用的乱象中逐渐抽离，向多元化和有机化的方向逐步迈进。2018 年 3 月，国务院办公厅发布的《关于促进全域旅游发展的指导意见》（国办发〔2018〕15 号）强调了推动旅游与城镇化、工业化和商贸业融合发展，建设旅游小镇；与农业、林业、水利融合发展，打造“森林小镇”；与科技、教育、卫生、体育融合发展，发展汽车摩托车运动，打造体育旅游综合体。2018 年 8 月，国家发展改革委员会发布《关于建立特色小镇和特色小城镇高质量发展机制的通知》（发改办规划〔2018〕1041 号），明确了特色小镇和特色小城镇作为“新型城镇化与乡村振兴的重要结合点”以及“促进经济高质量发展的重要平台”的地位，并进一步提出建立典型引路机制，在明确特色小镇和特色小城镇典型条件的前提下，探索差异化多样化经验，鼓励“立足不同地理区位”，“挖掘先进制造类、农业田园类、科创、金融、商贸、文旅、体育等现代服务类案例”。截至 2019 年年底，全国特色小城镇两批共 403 个；特色小镇创建名单中，全国运动休闲特色小镇暂时保留 62 个，国家森林小镇 50 个[②]。

特色小镇与特色小城镇至今已形成清晰的发展脉络，由住建部逐渐移交至发改委负责，在出台引导性文件为特色小镇和特色小城镇的概念做出校正的基础上，以纠偏性文件和全国会议及时发现问题，发挥警示作用，避免乱象发生；市场为主体的创建形式、城乡结合的发展背景，以及面向产业融合与新兴产业的强大包容性，对于深化“放管服”改革，推

① 《住房城乡建设部关于公布第二批全国特色小镇名单的通知》（建村〔2017〕178 号）。
② 信息来源：国家发展和改革委员会，https://www.ndrc.gov.cn。

进供给侧结构性改革，助力新农村建设等当前我国在社会、经济、民生等领域发展方针的具体实践有着深远的意义。

2.2.2 概念的出现

各地对体育小镇的探索在国家体育总局发布相关文件前就已开始。首先，体育产业跨界发展萌芽于市场中，我国自 2014 年起出台了一系列支持体育产业与相关产业融合发展的政策，并鼓励体育公园、体育服务综合体等多产业融合方面的尝试；其次，我国在对特色小镇与特色小城镇建设的推进过程中，出现了许多意义深远的实践，其间不乏对体育及相关产业主题小镇的探索。被人们简称为“体育小镇”的运动休闲特色小镇在政策的推动下，潜力逐步被市场挖掘，出现在大众视野中。

2015 年 6 月，浙江省政府在《关于加快发展体育产业促进体育消费的实施意见》中，提出“培育创建一批体育特征突出、产业基础较好、产业融合潜力较大的特色小镇”。2017 年 5 月，国家体育总局办公厅发布《关于推动运动休闲特色小镇建设工作的通知》（体群字〔2017〕73 号），首次提出推动运动休闲特色小镇的建设，并提供了官方定义，即“具有独特体育文化内涵、良好体育产业基础，运动休闲、文化、健康、旅游、养老、教育培训等多种功能于一体的空间区域、全民健身发展平台和体育产业基地”；同年 8 月，在国家体育总局办公厅印发的《关于公布第一批运动休闲特色小镇试点项目名单的通知》（体群字〔2017〕149 号）中，96 个试点项目名单出炉；8 月，全国运动休闲特色小镇建设工作培训会在贵州省贞丰县举办。2018 年 11 月，继国家发展改革委、国土资源部、环境保护部、住房城乡建设部四部委《关于规范推进特色小镇和特色小城镇建设的若干意见》和国家发展改革委办公厅《关于建立特色小镇和特色小城镇高质量发展机制的通知》（发改办规划〔2018〕1041 号）发布，以及体育总局组织专家在全国范围内走访调研后，国家体育总局办公厅针对 96 个试点项目发布《关于推进运动休闲特色小镇健康发展的通知》和经调研初步汇总的各省市运动休闲特色小镇试点项目评估资料，敦促政策措施的落实、完善协调推进机制，再次为小镇的建设提出打造体育链条、发挥市场主体作用和建立典型引路机制等要求，突出强调了各地体育主管部门加强动态监测管理，体育总局将持续开展评估督导和优胜劣汰等。2019 年 4 月，国家发改委规划司在 2019 年全国特色小镇现场经验交流会中公布了截至 2018 年 12 月 31 日特色小镇和特色小城镇规范纠偏工作进展情况，其中提到国家体育总局 96 个全国运动休闲特色小镇名单中，淘汰整改 34 个，暂时保留 62 个[①]。此前，

① 国家发展改革委规划司召开 2019 年全国特色小镇现场经验交流会．2019-04-19 国家发展和改革委员会发展规划司子站，https://www.ndrc.gov.cn/fzggw/jgsj/ghs/sjdt/201904/t20190419_1170146.html。

在 2019 年 3 月，体育总局办公厅印发《运动休闲特色小镇试点项目建设工作指南》，详细地制定了小镇建设工作细节，提出了“遵守刚性约束”“坚持合理布局”“培育产业核心”“推进规划工作”和“明确职责分工”五个方面十三条要求。这些举措也标志着诞生不久的运动休闲特色小镇已经面临着去粗存精、淘沙见金的过程，向科学、有序和高质量发展逐步迈进。

据统计，在首批 96 个运动休闲特色小镇项目试点里，20 个小镇在申报材料中将汽车摩托车运动项目作为特色之一。在 2017 年全国运动休闲特色小镇建设工作培训会上，时任国家体育总局副局长赵勇在讲话中谈到，运动休闲特色小镇是全民健身新平台，它以体育为主题，具备 30 个以上运动休闲项目。汽车摩托车运动为许多运动休闲特色小镇项目试点和有志于打造为小镇的区域提供了思路。

在汽车社会的进程方面，我国晚于欧美国家，但发展迅速。我国汽车工业始于 1955 年[①]，1956 年长春第一汽车制造厂“解放”牌汽车下线，填补了我国自主生产汽车的空白，此后汽车工业迅速发展，尤其在 21 世纪的第一个十年进入高速发展阶段，自 2009 年起至 2018 年，中国连续 10 年蝉联世界第一汽车产销大国，2018 年占全球市场份额达到 30.6%。汽车产业在国民经济中起到支柱作用，据统计，2019 年汽车工业及相关产业链的总产值占 GDP 比重约为 12%[②]。汽车对制造业水平提升、消费结构升级、生活方式转变、城市形态调整等方面具有强大的作用力。

作为汽车社会精神层面的追求，汽车运动的普及与汽车社会的发展密不可分。汽车运动在国内的发展脉络与特色小镇有着无形的相似之处。1907 年由法国《晨报》举办的北京—巴黎汽车比赛让诞生仅十余年的汽车运动首次进入中国，但中国举办汽车比赛的愿望直到 1985 年港京拉力赛才真正实现。在中国汽车运动的发展历程中，汽车运动休闲特色小镇是特色小镇和汽车运动发展路线的一次并轨。

在第一批 96 个全国运动休闲特色小镇试点项目中，浙江省金华汽车运动休闲特色小镇是唯一将汽车运动体现在名称中的小镇，一般也被视为我国最早的汽车运动休闲特色小镇（图 2-5）。该小镇位于金华市区南部经济技术开发区，以汽车运动文化公园（图 2-6）、金华体育产业园、浙中绿道和梅溪流域自驾露营生态廊道等体育休闲项目为基础，以新能源汽车小镇（图 2-7）为依托，组织全民健身体育活动和高质量竞赛项目，形成了小镇独特的区域特色和文化形象[③④]。

① 李万里．中国汽车产业发展回顾与未来思考——纪念汽车产业改革开放 40 周年．中国新能源汽车产业发展报告（2018）[M]．北京：社会科学文献出版社，2018。
② 中国汽车工业协会，中国汽车技术研究中心有限公司，丰田汽车公司．中国汽车工业发展报告（2019）[M]．北京：社会科学文献出版社，2019：22。
③ 姚启明．汽车运动与文化主题公园 [M]．上海：同济大学出版社，2017。
④ 金华经济技术开发区管委会《关于建设浙江省金华汽车运动休闲特色小镇的项目报告》。

图 2-5　金华汽车运动休闲特色小镇

图 2-6　金华汽车文化公园

2.2.3　形式的演变

在特色小镇、特色小城镇有序发展的同时，国家相关部门出台了一系列政策，鼓励体育产业与休闲产业的发展，进一步促进汽车运动休闲特色小镇的多样化培育。与此同时，具备汽车运动文化氛围和群众基础的各地区积极实践运动休闲业态与多领域融合，为汽车运动休闲特色小镇在全国范围的培育和布局打下坚实的基础，其中优秀案例不断涌现。

部分小镇以汽车产业为基础，以休闲运动为升级契机延伸产业链，开展影响力赛事品牌开发和高精尖技术研发。例如，上海国际汽车城以汽车产业为基础，建设上海国际赛车场，引进世界一级方程式锦标赛（F1）、世界摩托车大奖赛（MotoGP）、世界房车杯赛（WTCR）和世界耐力锦标赛（WEC）等国际顶尖赛事，培养自主品牌、发展赛车产业，布局全产业链，形成具有凝聚力和辐射作用

图 2-7　金华新能源汽车小镇

图 2-8　上海安亭国际汽车城

的特色小镇（图 2-8）；吉林省长春市开发区作为第一汽车公司所在地（图 2-9），以红旗汽车品牌文化为基底，以智能工厂、文化体验和新兴产业为发展重点，将生产基地打造成为以工业旅游与品牌文化为特色的红旗绿色智能小镇（图 2-10），等等。

部分小镇扎根地方文化，利用当地丰富的自然人文资源以及特色鲜明的风土景观，与汽车运动休闲深度结合。例如，贵州省贵阳市青岩镇围绕“运动体验 + 康养教育 + 体旅休闲”主题，根植青岩古镇特色文旅资源（图 2-11）、山地旅游资源和汽车拉力文化基础，打造服务当地、辐射西南的汽车运动休闲特色小镇（图 2-12）；内蒙古鄂尔多斯康巴什区赛车小镇（图 2-13）是鄂尔多斯市实现产业转型升级的重要载体，充分发挥汽车运动与文化的活力，将本土汽摩赛事活动作为文旅综合体的造血元素（图 2-14），形成有民族特色和地域特色的汽车运动文化（图 2-15）。

部分小镇使汽车运动与原有工业特色融合，促进工业遗存活化利用。例如，河北省秦皇岛首钢赛车谷以汽车运动为引领，打造汽车研发、汽车后市场等产业板块，从而对首钢秦皇岛老厂区实施转型（图 2-16）；黑龙江省大庆市萨尔图区的大庆赛车小镇采用地企融合的供地用地模式，利用油田矿区废弃建设用地建设产业项目，以汽车产业为核心、以汽车运动为引领推进小镇建设（图 2-17）。

图 2-9 第一汽车公司

图 2-10 长春红旗小镇 汽车博物馆

图 2-11 青岩古镇

图 2-12 贵州骏驰国际赛车场

图 2-13 鄂尔多斯赛车小镇

图 2-14　汽摩赛事结合文旅活动

图 2-15　鄂尔多斯富有地域特色的汽车文化

图 2-16　秦皇岛首钢赛车谷

图 2-17　大庆赛车小镇

2.2.4　现状概述

1. 发展水平对前期特色产业基础要求较高

就现阶段来看，特色小镇创建初期的政策导向中针对用地的扶持政策力度较大，随着实践的推进逐步向产业方面倾斜，而产业恰恰是特色小镇培育的重点。因此，就目前现状看，前期阶段特色产业基础较好的小镇在政策扶持下发展迅速，许多基础欠缺的小镇则面临房地产化风险，尚待矫正和引导。

2. 在新时期城镇化发展与脱贫工作方面呈现一定成效

我国对特色小镇和特色小城镇的建设与培育，对于新型城镇化发展道路的探索具有鲜明的先导意义，当前各类特色小镇与特色小城镇通过培育适宜产业，在一定程度上解决了部分地区的脱贫问题，为新时期城镇化发展提供了方案。

3. 部分地区仍存在盲目开发现象

部分地区追求热点但执行力不足，或是规划前期可行性研究未完善，导致规划与实际建设条件不匹配，培育过程中面临有规划无土地的问题，进展缓慢；部分地区规划缺乏延续性，或是小镇对规划的推进缺乏科学性，导致盲目开发但缺乏产业基础以及运动休闲项目的活力要素，从而房地产化严重，出现“鬼城”。这些现象在国务院和发改委等相关部门的监督机制下有所改善。

4. 具有区域特色的汽车运动文化仍有待发展

汽车运动诞生于西方，作为舶来品融入本土文化需要一定的时间。以日本为例，以本田、丰田为代表的本国车企积极建设赛道、研发赛车并组建车队征战世界顶级赛事后，民众对于汽车运动的认同感逐渐加强；而随着汽车在日本的普及和低成本改装车盛行，日本结合地域特色孕育出亲民的山路赛车文化。与之类比，我国的拉力越野发展较早，伴随汽车走进千家万户，云南、贵州等地依托独特的地形地貌，在民间逐步积累了基础深厚的拉力文化。

5. 对持续性和长期沉淀重视不足

特色小镇的培育存在周期，而文化却需要长时间的沉淀积累和持续性的碰撞融合，这是小镇保持活力的关键。当前许多地区机械地移植和引进各项活动而忽略本地氛围，过于急功近利导致培育定位不明，造成了资源浪费和生态破坏，这一症结普遍存在。

2.3 小结

无论在国内还是国外，特色小镇诞生的直接因素都是城市化的发展，当城市规模扩张到一定程度，“城市病”逐渐凸显，城乡衔接出现断层，作为相对大城市而言体量较小的开发培育单元，小城镇开始逐步成为发展的聚焦点。汽车运动休闲特色小镇最早出现在汽车工业发达、汽车社会程度较高的欧美国家，随着汽车的全球化普及，世界各地开始以不同的路径和形式逐渐培育以人车关系为基础的汽车休闲地域文化，汽车运动休闲特色小镇由此出现，时至今日仍保持着内生与外延并举的活性生长。

国外汽车运动休闲特色小镇的诞生从城乡规划和产业经济两个方面推进。一方面，城市的扩张带来一系列“城市病”问题，借助扶植和建设小城镇、积极发展城市边缘镇的方式分散城市职能，促进了小城镇的成长；另一方面，产业结构寻求空间的合理分配，发展成熟的部分产业从城市向小城镇分散，一批以产业为基础的特色小镇逐渐成形。西方汽车社会的演进为汽车运动休闲特色小镇的出现创造了可能，最早出现汽车比赛的法国巴黎可视为最早的案例，而随着汽车运动休闲对汽车产业的影响成为共识，汽车产业的聚合带动作用愈发显著。根据发起主体不同，国外汽车运动休闲小镇可划分为自发萌芽与定向培育两种类型。前者生长周期长，文化内涵丰富，时代特征、地缘特征和民族特征浓厚，具有鲜明的不可复制性和时空依赖性；后者规划先于培育，主观能动性的影响大于历史偶然性因素，对创建工作的依赖性更强，具有更普适的借鉴价值。

国内汽车运动休闲特色小镇同样伴随城市格局的演变与汽车社会的发展而出现，是自然形成与政策引导相结合的产物，尤其以政策推动为主导。“特色小镇”的概念早在21世纪初即伴随各类实践和探索出现，经历了一系列演变，2016年写入国家政策。国家对特色小镇培育工作的支持，引发了各地特色小镇的创建热潮，这也进一步提升了国家对特色小镇和小城镇的重视，提出了实施原则和重点任务，采取准入机制，引入动态评估，促进了国内特色小镇和特色小城镇从“狂热期”走向“冷静期”，趋向多元化和有机化发展。体育小镇，即运动休闲特色小镇的概念提出于2017年，汽车摩托车运动为许多项目试点和有志于打造为小镇的区域提供了思路，金华汽车运动休闲特色小镇是我国最早的汽车运动休闲特色小镇案例，随着一系列鼓励体育、休闲、旅游产业发展的政策出台，各地区积极实践运动休闲业态与多领域融合的方式培育特色小镇。部分小镇以汽车产业为基础，以休闲运动为升级契机，开展影响力赛事品牌开发和高精尖技术研发；部分小镇利用当地自然人文资源与风土景观结合汽车运动休闲；部分小镇使汽车运动与原有工业特色融合，促进工业遗存活化利用，等等。总体来看，国内汽车运动休闲特色小镇发展水平对前期特色产业基础要求较高，对于新时期城镇化发展与脱贫工作产生了一定的促进和推动作用，但部分地区仍存在盲目开发现象，具有区域特色的汽车运动文化仍有待发展，对持续性和长期沉淀重视不足。以上现状及问题尚值得参考、研究和改进。

3 理论支持与现实可行性

对自然与社会之间的紧张关系的有趣反应，甚至比回归自然或怀恋自然更加丰富，可以用“文化”一词加以概括。

文化在一个更高的层次上恢复了人类最初的完整性，在这个层次上，人的能力能够充分发展，在他的自然欲望和社会生活道德规范之间不存在冲突。

——【美】艾伦·布鲁姆《美国精神的封闭》

本章将从汽车运动休闲特色小镇诞生的理论依据出发，结合我国历史背景、政策环境和发展需要等具体情况，从产业和事业两个角度入手，为小镇的创建和培育提供理论性支撑。

3.1 发展环境与政策支持

特色小镇能够以大量新业态创造就业岗位，并作为产业聚集地搭建创业平台，推进产城融合、城乡互补发展。其对人才的吸引和培养，以及作为特色的产业延展性和新兴业态发展价值，是我国科教兴国、人才强国与创新驱动发展战略的生动体现；结合具体的项目案例，特色小镇的城镇化对“一带一路”建设、京津冀协同发展和长江经济带发展等均具有实践意义。

当前，我国汽车运动休闲特色小镇培育环境依据小镇发展的主要元素划分为四个方面：城镇化与城乡关系发展环境影响小镇的载体与形式；汽车产业发展环境影响小镇的产业基础与未来业态走向；体育产业发展环境影响小镇的活动参与基础和特色主题基调；旅游业和休闲产业发展环境影响小镇的活力要素和提质路径。评价汽车运动休闲特色小镇可行性中的发展环境，需将不同方面与层级下的背景、政策及现状综合归纳并系统分析。

3.1.1 城镇化与城乡关系发展启示

城镇化是伴随工业化发展，非农产业在城镇集聚、农村人口向城镇集中的自然历史过程①。新型城镇化的发展思路则由城市化转变而来。城市化（Urbanization）指经济中心随人口从农村转移，逐渐向城市和城镇集中的过程，由于英文中的“Urban”一词并未区分城市（city）与城镇（town）②，因而“Urbanization”同时包含了以城市为中心集中和以小城镇为中心集中的概念；而从中文语境来看，“城镇化”相比“城市化”而言，在具备一定共通性的同时，突出了城镇的作用，有别于以大城市为集聚中心、小城镇居于次要位置的模式。

我国的小城镇发展过程可分为特点鲜明的几个阶段：新中国成立初期到改革开放前，城市发展整体比较曲折，小城市和小城镇发育迟缓；改革开放以来，城镇化建设从较低起点进入发展的快速通道，小城镇伴随这一历程经历了从粗放型发展到协调发展的转变。

① 国家新型城镇化规划（2014—2020年），中国政府网，http://www.gov.cn/zhengce/2014-03/16/content_2640075.htm。

② Collins English Dictionary - Complete and Unabridged，12th Edition，2014。

在产业经济层面，特色小镇和特色小城镇拥有错位发展、分工协作的功能特色，具备体制机制灵活性，能够弱化大城市、特大城市的极化效应，利用与区域中心城市的联结发挥纽带功能，增强辐射带动作用。

特色小镇与小城镇关乎城乡经济转型，与乡村的兴衰紧密相连。我国的小城镇政策自新中国成立以来几经变化，而特色小镇、特色小城镇是在城乡统筹发展的新形势下提出的举措，对我国发展乡村建设、优化乡村治理、推进乡村文明具有现实意义和可操作性。

1. 小城镇策略

1979 年，中共十一届四中全会通过了《关于加快农业发展若干问题的决定》，针对农业现代化发展中大量劳动力逐步释放的现象，首次提出“有计划地发展小城镇建设和加强城市对农村的支援”，要求全国现有县城、县以下经济较发达的集镇或公社所在地加强规划，根据经济发展的需要和可能逐步加强建设，在大城市周围的农村中借助大城市力量建设卫星城。

在一系列鼓励政策的推动下，小城镇数量增加，城镇化进程逐步加快。1984 年，国务院转批了民政部《关于调整建制镇标准的报告》，放宽建制镇的标准，大量新兴小城镇出现，为我国建制镇的总体格局奠定了基础。1995 年，国家体改委、建设部等 11 家单位联合下发《小城镇综合改革试点指导意见》。1998 年 10 月，中共十五届三中全会指出“发展小城镇是带动农村经济和社会发展的一个大战略”。2000 年，中共中央、国务院《关于促进小城镇健康发展的若干意见》（中发〔2000〕11 号）进一步肯定了小城镇在我国城镇化发展过程中的作用，认为“加快我国城镇化进程，实现城镇化与工业化协调发展，小城镇占有重要的地位”，“发展小城镇，是实现我国农村现代化的必由之路”。

据统计，1979 年我国建制镇仅有 2 800 个左右，至 2001 年年底增加到了 20 374 个。小城镇策略成为推进我国城镇化进程中的重要一环。

2. 大中小城市和小城镇协调发展

进入 21 世纪后，随着城镇化建设取得阶段性成果，新问题开始暴露。如，城乡差距拉大，小城镇基础设施建设不完备、布局不合理，土地资源和土地管理面临矛盾等，面对以上问题，城乡统筹发展逐渐成为我国城镇化的新思路。

2001 年，“十五”计划提出“有重点地发展小城镇，积极发展中小城市，完善区域中心城市功能，发挥大城市的辐射带动作用”。① 2002 年，十六大报告提出“坚持大中小城市和小城镇协调发展，走中国特色的城镇化道路”。2007 年，十七大报告提出“促进大中

① 中华人民共和国国民经济和社会发展第十个五年计划纲要（2001 年 3 月 15 日第九届全国人民代表大会第四次会议批准）中国人大网 . http：//www.npc.gov.cn/wxzl/gongbao/2001-03/19/content_5134505.htm。

小城市和小城镇协调发展。以增强综合承载能力为重点，以特大城市为依托，形成辐射作用大的城市群，培育新的经济增长极”。

小城镇发展不再追求数量的大幅扩张，而是转变为质量的提升和镇区规模的扩大。2002 年，建制镇数量达 20 601 个，2003 年建制镇数量出现 20 年来首次下降，为 20 226 个①。同时，全国建制镇数量占乡镇数量比重稳步提升，2002 年建制镇数量首次超过乡镇数量。

3. 新型城镇化

我国城镇化的推进背景存在人口多、资源相对短缺、生态环境比较脆弱、城乡区域发展不平衡等现象，是城镇化需要进入以提升质量为主的转型发展阶段的决定性条件。

2012 年，党的十八大提出“走中国特色、科学发展的新型城镇化道路”。2013 年 12 月，中央城镇化工作会议中指出：“要优化布局，根据资源环境承载能力构建科学合理的城镇化宏观布局，把城市群作为主体形态，促进大中小城市和小城镇合理分工、功能互补、协同发展。”②2014 年，中共中央、国务院印发《国家新型城镇化规划（2014—2020 年）》，提出“走以人为本、四化同步、优化布局、生态文明、文化传承的中国特色新型城镇化道路”，其中强调了有重点地发展小城镇。“推动小城镇发展与疏解大城市中心城区功能相结合、与特色产业发展相结合、与服务‘三农’相结合。”表明了小城镇与特色产业结合的机制在新型城镇化进程中的重要地位。

4. 城乡融合发展

改革开放以来，我国城乡关系经历了从割裂到统筹发展，再到城乡一体化、城乡融合发展的演进过程，城乡关系趋于密切。随着城乡之间的联系日趋密切，人口、资源等要素在城乡之间频繁流动，产业之间相互渗透融合，城乡二元格局亟须破局，城乡融合发展道路是能够有效解决大量城乡问题的创新路径。

2002 年，党的十六大首次提出统筹城乡经济社会发展，第一次从国民经济社会全局的角度提出城乡共同发展战略，开启了破除城乡二元体制的进程。2012 年，党的十八大报告明确提出“推动城乡发展一体化”，形成以城带乡、城乡一体的新型城乡关系。党的十九大在城乡统筹发展、新型城镇化的基础上，进一步提出建立健全城乡融合发展机制和政策体系。2019 年 4 月，中共中央、国务院发布《关于建立健全城乡融合发展体制机制和政策体系的意见》，为现阶段城乡融合发展体制机制指明了方向与路径。其中，提出搭建城乡产业协同发展平台，将特色小镇作为城乡要素融合的重要载体，完善小城镇联结城乡的可能，强调了特色小镇对于城乡融合发展的实践价值。

---

① 数据来源：中国统计年鉴，www.stats.gov.cn/tjsj./ndsj。
② 《中央城镇化工作会议在北京举行》. 人民日报，2013.12.15。

3.1.2 汽车产业发展启示

当前我国处于新一轮科技革命和产业革命重大转型变革的关口，汽车产业不仅是国民经济的战略性和支柱型产业，而且其关联业态众多，对上下游产业链有明显的拉动作用。其上游包括了金属冶炼、电力热力生产、化学制品制造、石油及核燃料加工等十余项相关行业，下游则涉及服务业、运输仓储、批发零售、金融保险等相关行业。据国家发展改革委员会公布的数据，国内汽车制造业每增值 1 元，可有效带动其上下游关联产业增值 2.64 元（2005 年）。据发改委、工信部、汽车工业协会公布的数据，2010 年汽车行业税收 9 500 亿元，占全国税收的比重高达 13%；工业总产值 4.34 万亿元，占国民经济总产值的比重达 6.13%；汽车产业与其直接相关产业的从业人员超过 4 000 万人，占全国城镇就业总人数的 12%[①]。汽车工业极强的产业关联与带动性，也是国家制造业技术创新水平的集中体现。

近年来，我国汽车保有量持续攀升，汽车社会推进步伐加快。但同时，国内与世界汽车市场增速均放缓，2018—2025 年的新车销量年均增长率约为 2%，与 2011 年以来 4% 的增长率相比下降一半。这预示着汽车产业将迎来行业的重大转捩点。而汽车产业直接影响就业人口与就业岗位。在供给侧结构性改革的迫切要求下，汽车产业将成为当仁不让的战略性产业。

2017 年 4 月，工业与信息化部、发展改革委和科技部发布《汽车产业中长期发展规划》，指出互联网与汽车的深度融合使得与汽车产业外延业态相关联的安全驾乘、便捷出行、本地服务、娱乐休闲等需求充分释放，消费需求多元化、差异化，汽车产业需“加强统筹规划，强化创新驱动，促进跨界融合，完善机制体制，推动结构调整和转型升级”，从而达到建设汽车强国的目标。

新能源汽车、智能网联汽车是全球汽车产业发展的突破口和各国争先抢占的制高点。《汽车产业中长期发展规划》指出“新能源汽车和智能网联汽车有望成为抢占先机、赶超发展的突破口”。2010 年，国务院发布的《关于加快培育和发展战略性新兴产业的决定》（国发〔2010〕32 号）中，将新能源汽车作为未来国民经济的先导产业写入议题。近年来，我国新能源汽车政策主要覆盖了宏观方向、技术研发、财政金融、生产经营、基础设施建设、智能化和交通运输七个方面，如表 3-1 所示。

① 数据来源：工信部、国家发展研究中心、国家发展改革委员会、汽车工业协会。

表 3-1　近年来新能源汽车相关重要政策文件

发布时间	发文机关	政策文件名称	备注
2010 年 1 月	国务院	《关于加快培育和发展战略性新兴产业的决定》（国发〔2010〕32 号）	到 2020 年，新能源、新材料、新能源汽车产业成为国民经济的先导产业
2012 年 6 月	发改委	《节能与新能源汽车产业发展规划（2012—2020 年）》	—
2014 年 6 月	国务院办公厅	《能源发展战略行动计划（2014—2020 年）》	积极推进清洁能源汽车和船舶产业化步伐，提高车用燃油经济性标准和环保标准
2014 年 7 月	国务院办公厅	《关于加快新能源汽车推广应用的指导意见》（国办发〔2014〕35 号）	—
2015 年 11 月	国务院	《关于积极发挥新消费引领作用加快培育形成新供给新动力的指导意见》（国发〔2015〕66 号）	培育壮大节能环保、新一代信息技术、新能源汽车等战略性新兴产业
2016 年 5 月	国务院办公厅	《促进科技成果转移转化行动方案》	瞄准新能源汽车等战略新兴产业领域建设科技成果产业化基地
2016 年 7 月	国务院	《“十三五”国家科技创新规划》	培育新能源汽车等新兴产业
2016 年 11 月	国务院	《“十三五”国家战略性新兴产业发展规划》	进一步发展壮大新能源汽车等战略性新兴产业。推动新能源汽车、新能源和节能环保产业快速壮大，构建可持续发展新模式
2016 年 12 月	发展改革委、能源局	《能源发展“十三五”规划》	大力推广新能源汽车
2016 年 12 月	国务院	《“十三五”生态环境保护规划》	加快城市新能源汽车充电设施建设，政府机关、大中型企事业单位带头配套建设，继续实施新能源汽车推广
2016 年 12 月	国务院	《“十三五”节能减排综合工作方案》	加快发展壮大新能源汽车等战略性新兴产业
2017 年 1 月	国务院	《“十三五”促进就业规划》	大力发展新能源汽车等战略性新兴产业，拓展产业发展新空间，创造就业新领域
2017 年 1 月	国务院	《国家教育事业发展“十三五”规划》	扩大新能源汽车等战略性新兴产业人才培养规模
2017 年 4 月	工业和信息化部、发展改革委、科技部	《汽车产业中长期发展规划》	以新能源汽车和智能网联汽车为突破口，引领产业转型升级。加快新能源汽车技术研发及产业化。加大新能源汽车推广应用力度
2018 年 7 月	国务院	《打赢蓝天保卫战三年行动计划》	加快车船结构升级。推广使用新能源汽车
2018 年 10 月	国务院办公厅	《推进运输结构调整三年行动计划（2018—2020 年）》	对大力淘汰老旧车辆、推广应用新能源汽车的有关企业和人员依照有关政策及时给予经济补偿
2018 年 10 月	国务院办公厅	《完善促进消费体制机制实施方案（2018—2020 年）》	继续实施新能源汽车车辆购置税优惠政策。完善新能源汽车积分管理制度。研究建立碳配额交易制度
2019 年 8 月	国务院办公厅	《关于加快发展流通促进商业消费的意见》（国办发〔2019〕42 号）	支持地方、金融机构对购置新能源汽车给予积极支持
2020 年 4 月	发展改革委、科技部等十一部委	《关于稳定和扩大汽车消费若干措施的通知》（发改产业〔2020〕684 号）	完善新能源汽车购置相关财税支持政策

智能网联汽车同样是市场力量与政策力量联合发力的战略性新兴产业，也是解决目前交通事故率高、能源短缺和环境污染等问题的重要举措。2016 年，中国汽车工程学会受工业和信息化部委托牵头完成“节能与新能源汽车技术路线图研究”项目，并发布成果，其中对我国智能网联汽车发展的整体思路为：初期以自主环境感知为主；中期形成网联式环境感知能力，实现复杂工况下的半自动驾驶；远期推动可实现 V2X 协同控制，具备高度或完全自动驾驶功能的智能化技术。广义的智能网联汽车分为智能化和网联化两个层面，包含智能汽车、自动驾驶、车路协同等技术，我国目前处于智能网联汽车发展的起步阶段，相关政策内容以鼓励研发为主（表 3-2）。

表 3-2　　近年来智能网联汽车重要政策文件

发布时间	发文机关	政策文件名称	备注
2017 年 4 月	工业和信息化部、发展改革委、科技部	《汽车产业中长期发展规划》	加大智能网联汽车关键技术攻关。开展智能网联汽车示范推广
2017 年 6 月	工业和信息化部	《国家车联网产业标准体系建设指南（智能网联汽车）（2017）》	—
2017 年 8 月	国务院	《关于进一步扩大和升级信息消费持续释放内需潜力的指导意见》（国发〔2017〕40 号）	推动智能网联汽车与智能交通示范区建设，发展辅助驾驶系统等车联网相关设备
2018 年 11 月	工业和信息化部	《关于工业通信业标准化工作服务于“一带一路”建设的实施意见》（工信部科〔2018〕231 号）	建立能够支撑驾驶辅助及低级别自动驾驶的智能网联汽车标准体系
2018 年 12 月	工业和信息化部	《车联网（智能网联汽车）产业发展行动计划》	—
2019 年 5 月	国家标准化管理委员会、国家能源局	《关于加强能源互联网标准化工作的指导意见》（国标委联〔2019〕19 号）	结合智能网联汽车发展，制定能源互动标准
2019 年 7 月	交通运输部	《数字交通发展规划纲要》	构建载运工具、基础设施、通行环境互联的交通控制网基础云平台
2019 年 9 月	中共中央、国务院	《交通强国建设纲要》	加强智能网联汽车研发，形成自主可控完整的产业链

特色小镇在汽车产业转型升级的推进过程中起到了平台和展示窗口的作用。汽车产业的依托载体从产业园、开发区向特色小镇的区域发展模式转变，代表了产城融合的顶层设计思路从产业立镇逐渐向整体提质导向的转型。另外，汽车运动休闲特色小镇在培育产业期间需明晰方向，重点关注新能源汽车与智能网联汽车产业，适应、参与和引导未来世界汽车产业的战略新兴领域，为未来的可持续发展打下坚实基础。

3.1.3　体育产业发展启示

体育产业是目前地区甚至国家的消费与投资热点，也是当代文化的重要组成部分。我国将体育产业视为经济发展的新引擎，2014 年国务院《关于加快发展体育产业促进体育消费的若干意见》（国发〔2014〕46 号）中，将发展目标设为到 2025 年，“基本建立布局合理、功能完善、门类齐全的体育产业体系，体育产品和服务更加丰富，市场机制不断完善，消费需求愈加旺盛，对其他产业带动作用明显提升，体育产业总规模超过 5 万亿元，成为推动经济社会持续发展的重要力量。”发展体育事业和产业已经成为提高国民身体素质、促进经济增长的必然要求。由于体育产品兼具公共产品属性，体育产业也被视为国民经济的支柱产业和幸福产业。

体育产业可分为竞技运动观赏服务业和健身休闲娱乐服务业两大主体部分①。体育比赛对于举办地的宣传作用已成公论，具备强势影响力的比赛品牌不仅能带动赛事旅游消费，持续举办的体育活动还可推动形成具有地域特色的比赛文化。国务院办公厅《关于加快发展体育竞赛表演产业的指导意见》（国办发〔2018〕121 号）中制定了到 2025 年“体育竞赛表演产业总规模达到 2 万亿元，基本形成产品丰富、结构合理、基础扎实、发展均衡的体育竞赛表演产业体系”的发展目标，要求推出知名的体育精品赛事，打造自主知识产权的体育竞赛表演品牌，培育具有竞争力的体育竞赛表演企业。全民健身作为新时期我国重要战略举措，是提升人民健康素质的有效途径，也是经济增长的新动力。2016 年 10 月，中共中央、国务院印发的《“健康中国 2030”规划纲要》中，即强调了积极发展健身休闲运动产业对健康中国建设的重要性。2016 年 6 月，国务院发布《全民健身计划（2016—2020 年）》，设立了到 2020 年的群众体育健身发展目标；同年 10 月，国务院发布《关于加快发展健身休闲产业的指导意见》（国办发〔2016〕77 号），要求到 2025 年健身休闲产业总规模达到 3 万亿元。

体育赛事与全民健身的积极推广还关系我国教育、养老、医疗卫生事业的进步；体育与旅游的融合能够因地制宜地助推区域经济；建设生态休闲体育设施、探索体育场馆的综合利用和打造体育服务综合体能够推动全民健身与相关行业联动发展，让存量资源功能的延伸和增量资源业态丰富相配合。另外，我国体育产业发展尚存在诸多问题，如特色产业的发育程度不足、产业薄弱、供给质量不足，空间供给与需求不平衡；行政单元服务能力有限或冗余，各部门间缺乏联系沟通，容易形成发展短板；市场在资源配置中的作用未能充分发挥，社会资本参与度有待加强，等等。针对现状提出体育“放管服”改革需求及供给质量的提升需要，一方面，相关部门正持续推进体育赛事审批制度改革，完善体育产业政策体系；另一方面，体育产业经营者不仅需要考虑运动员与工作人员的利益和需求，而应更多地从消费者角度出发，面向市场提升服务水平。

① 丛湖平，郑芳．体育经济学 [M]. 北京：高等教育出版社，2015。

汽车摩托车运动是具有消费引领特征的时尚休闲运动项目，产业链关联能力强，促进消费作用明显，与汽车制造业、机动车修理业、互联网和相关服务业、租赁业、商务服务业和体育业等国民经济行业都有密切的联系。我国在 2016 年首次于国家层面政策文件中明确提出发展汽车摩托车运动和推动中小型赛车场建设，近年来陆续发布了一批相关政策文件（表 3–3）。

表 3–3　　近年来汽车摩托车运动相关重要政策文件

发布时间	发文机关	政策文件名称	备注
2014 年 10 月	国务院	《关于加快发展体育产业促进体育消费的若干意见》（国发〔2014〕46 号）	大力支持发展极限运动等群众喜闻乐见和有发展空间的项目
2015 年 11 月	国务院办公厅	《关于加快发展生活性服务业促进消费结构升级的指导意见》（国办发〔2015〕85 号）	有条件的地方可利用自然人文特色资源，举办汽车拉力赛、越野赛等体育竞赛活动
2016 年 5 月	国家体育总局	《体育发展“十三五”规划》	积极培育赛车等具有消费引领特征的时尚运动项目
2016 年 6 月	国务院	《全民健身计划（2016—2020 年）》	积极培育赛车等具有消费引领特征的时尚休闲运动项目
2016 年 10 月	国务院办公厅	《关于加快发展健身休闲产业的指导意见》（国办发〔2016〕77 号）	发展汽车摩托车运动。推动中小型赛车场建设，利用自然人文特色资源，举办拉力赛、越野赛、集结赛等赛事
2016 年 10 月	中共中央、国务院	《“健康中国 2030”规划纲要》	积极培育汽摩等具有消费引领特征的时尚休闲运动项目
2016 年 11 月	国家旅游局	《关于促进自驾车旅居车旅游发展的若干意见》（旅发〔2016〕148 号）	引导有条件的地方利用营地网络开展汽车集结赛事活动，推广精品自驾车线路
2016 年 12 月	国家旅游局、国家体育总局	《关于大力发展体育旅游的指导意见》（旅发〔2016〕172 号）	以群众基础、市场发育较好的户外运动旅游为突破口，重点发展汽车摩托车旅游等体育旅游新产品、新业态
2018 年 3 月	国务院办公厅	《关于促进全域旅游发展的指导意见》（国办发〔2018〕15 号）	大力发展汽车摩托车运动等体育旅游
2018 年 6 月	国家体育总局	《关于加快推动汽车自驾运动营地产业发展的通知》	在营地周边提供和配置赛车等户外运动设施服务和项目赛事
2018 年 12 月	国务院办公厅	《关于加快发展体育竞赛表演产业的指导意见》（国办发〔2018〕121 号）	鼓励赛车等有条件的运动项目举办职业赛事。为参赛运动汽车、摩托车等体育器材出入境提供便利
2019 年 9 月	国务院办公厅	国务院办公厅《关于促进全民健身和体育消费推动体育产业高质量发展的意见》（国办发〔2019〕43 号）	支持赛车等运动项目为主体内容的智能体育赛事发展； 以资源禀赋为依托，引导汽车摩托车等运动项目产业合理布局； 鼓励各地开发一批以汽车越野等为代表的户外运动项目

建设体育服务综合体是推动体育产业高质量发展的有效形式之一，体育服务综合体是指基于体育大中型设施建设，以体育为主题，各项功能与配套齐全的综合服务性实体。在突出体育服务功能的前提下，融合健康、医疗、旅游、文化、休闲、商贸等业态，充分挖掘存量资源功能，最大限度地实现高效集约的业态融合发展。体育服务综合体对提高体育设施运营效能、完善城市服务功能具有积极意义。体育小镇，即运动休闲特色小镇与建设体育服务综合体的目标具有一定的重合，通过优化资源配置推动体育资源的社会化与市场化进程，是“体育 +”思路的延伸和拓展。

3.1.4 旅游业与休闲产业发展启示

旅游业在扩大内需、拉动消费、带动就业和改善民生等方面具有显著的积极作用，是我国国民经济的战略性支柱产业，并逐步走向国民经济建设的前沿。面对我国人民群众日益增长的旅游休闲需求，我国为促进国民旅游休闲的规模扩大和品质提升，制定并推进了一系列政策，“十三五”以来已基本建成与小康社会相适应的现代国民旅游休闲体系。2018 年 4 月 8 日，根据中共中央《深化党和国家机构改革方案》，文化部与国家旅游局实现职责整合，文化和旅游部正式挂牌，统筹规划文化事业、文化产业和旅游业发展，反映了三者协调资源配置、为旅游产业注入文化精神的趋势。

文化旅游是旅游业创新升级的典型产物之一，旅游是文化产业化发展的重要载体。由于文化资源本身不能直接创造价值，需要通过合理的开发利用和对零散文化元素的整合，将文化资源转变成为能够产生经济效益和社会效益的文化旅游特色产品。旅游产业与创意产业功能融合互补，通过创意产业与旅游吸引物融合、创意产业与旅游运营模式融合、创意产业的景区化运营等方式，实现文化旅游的活性发展。北京 798、上海田子坊、上海现代“戏剧谷”等文化与旅游资源片区整合实践的案例可作为这一方向探索的参考。

这种通过充分融合当地资源、挖掘和提取地域文化精神的方式开发旅游是当前科学有效且较为普遍的旅游业发展思路：乡村旅游利用乡村的闲置资源，开发主题式的旅游度假新业态，以旅游扶贫；红色旅游整理和挖掘当地红色历史，科学开发红色资源，作为以爱国主义和革命教育为内核的旅游产品，在打造红色旅游文化精品的同时弘扬民族精神，助力精神文明建设。

挖掘与结合地域文化的旅游业适宜在汽车运动休闲特色小镇找寻土壤。汽车运动休闲领域是新兴产业和创意产业的汇聚地，具备充沛的研发动力和广泛的潜在客群，与特色文化旅游的结合能够在整体区域内发挥产业特征优势，促进小镇形成综合性旅游目的地。

全域旅游作为近年来我国旅游业的重要发展方向之一，主要思路是破除以往独立景区的思维方式，将一定区域作为完整的旅游目的地，以旅游业作为主导，统一规划布局，加强综合管理和系统营销，从而提升旅游业发展水平，满足旅游消费需求。2008 年，浙江绍兴市率先提出“全域旅游”发展战略，其后江苏昆山市、四川大邑县、浙江杭州市等地先后开启全域旅游试点建设的探索。2015 年，国家旅游局发布《关于开展“国家全域旅游示范区”创建工作的通知》（旅发〔2015〕182 号），在全国范围内开展区域旅游发展理念实践；2016 年，国家旅游局公布了第一批、第二批全国全域旅游示范区创建单位名单；2017 年，国家旅游局发布《全域旅游示范区创建工作导则》，为全域旅游示范区的创建工作提供具体的行动指南；2018 年，国务院办公厅发布《关于促进全域旅游发展的指导意见》（国办发〔2018〕15 号），为全域旅游模式的推广和创建及时指明方向，提供了更为清晰详尽的理论指导。全域旅游模式是地方可持续发展旅游业、带动区域经济社会进步的引擎，能促进资源整合、实现旅游模式的业态化创新，通过“旅游 +”推进旅游业向深度和广度发展，此类诸多理念和模式对汽车运动休闲特色小镇的培育具有深刻的启示意义。

休闲产业与旅游业存在交会、互为延展，同属于我国的幸福产业，也是国民经济新的增长点。我国近年来重视旅游休闲和健身休闲产业的发展，国务院办公厅发布有《关于印发国民旅游休闲纲要（2013—2020 年）的通知》（国办发〔2013〕10 号）、《关于加快发展健身休闲产业的指导意见》（国办发〔2016〕77 号）等重要政策性文件关注体育旅游休闲活动的开展和推广。相比传统旅游业而言，旅游休闲产品更加强调游客的体验性和浸入感，汽车运动与文化主题公园和汽车自驾运动营地是旅游休闲产品中的典型。

2018 年国家发展改革委等 5 部门联合印发的《关于规范主题公园建设发展的指导意见》（发改社会规〔2018〕400 号）中将主题公园定义为：以营利为目的兴建，占地、投资达到一定规模，实行封闭管理，具有一个或多个特定文化旅游主题，为游客有偿提供休闲体验、文化娱乐产品或服务的园区。汽车运动与文化主题公园（简称汽车主题公园）是集汽车产业资源、体育产业资源、旅游产业资源于一体，以汽车运动、汽车文化与汽车休闲为主题，包含运动、科普、体验、艺术、娱乐、旅游、表演、研学、展销等其中多个功能版块的综合性、体验式旅游空间①。全产业链的运营模式使得汽车主题公园能够不断自我革新，充分发挥边际效应，在跨界和融合中挖掘新的发展契机。

营地密切关联体育、交通、文化、休闲、教育等领域，是旅游业、健身休闲产业与交通运输业融合发展的综合性旅游产品。近年来，在市场需求推动和政府引导下，汽车自驾运动营地在自驾旅游发展的热潮中逐渐展现优势，我国发布了一系列助益营地建设的相关政策文件，如表 3-4 所示。

① 姚启明．汽车运动与文化主题公园 [M]. 上海：同济大学出版社，2018。

表 3-4　　近年来我国助益营地建设的相关重要政策文件

发布时间	发文机关	政策文件名称	备注
2013 年 2 月	国务院办公厅	《国民旅游休闲纲要（2013—2020 年）》	推进国民旅游休闲基础设施建设。支持自驾车房车营地等旅游休闲基础设施建设
2014 年 1 月	国务院	《关于加快发展体育产业促进体育消费的若干意见》（国发〔2014〕46 号）	在有条件的地方制定专项规划，引导发展户外营地、汽车露营营地等设施
2015 年 8 月	国务院办公厅	《关于进一步促进旅游投资和消费的若干意见》（办发〔2015〕62 号）	加快自驾车房车营地建设。到 2020 年，鼓励引导社会资本建设自驾车房车营地 1000 个左右
2015 年 11 月	国务院办公厅	《关于加快发展生活性服务业促进消费结构升级的指导意见》（国办发〔2015〕85 号）	推动体育运动、竞赛表演、健身休闲与旅游活动融合发展。适应房车、自驾车等新兴旅游业态发展需要，合理规划配套设施建设和基地布局
2015 年 11 月	国务院	《关于积极发挥新消费引领作用加快培育形成新供给新动力的指导意见》（国发〔2015〕66 号）	加快自驾车房车营地等旅游基础设施建设
2016 年 5 月	国家体育总局	《体育发展“十三五”规划》	进一步加强青少年体育俱乐部、体育传统校和青少年户外体育活动营地建设
2016 年 1 月	国务院办公厅	《关于加快发展健身休闲产业的指导意见》（国办发〔2016〕77 号）	推动汽车露营营地建设。重点建设一批自驾车房车营地等健身休闲设施
2016 年 11 月	国家旅游局	《关于促进自驾车旅居车旅游发展的若干意见》（旅发〔2016〕148 号）	大力推动健康休闲项目与营地的融合发展，鼓励在营地周边配套赛车等户外运动设施及服务
2016 年 12 月	国务院	《关于印发“十三五”旅游业发展规划的通知》（国发〔2016〕70 号）	加快发展自驾车旅居车旅游，建设一批公共服务完善的自驾车旅居车旅游线路和旅游目的地，培育营地连锁品牌企业，增强旅居车产品设计制造与技术保障能力，形成网络化的营地服务体系和比较完整的自驾车旅居车旅游产业链
2016 年 12 月	国家旅游局、国家体育总局	《关于大力发展体育旅游的指导意见》（旅发〔2016〕172 号）	鼓励和引导旅游景区、旅游度假区、乡村旅游区等根据自身特点，以自驾车房车营地等为重点，建设特色健身休闲设施
2017 年 2 月	国务院	《“十三五”现代综合交通运输体系发展规划》	大力发展自驾车、房车营地，配套建设生活服务功能区。依托重点生态旅游目的地、精品生态旅游线路和国家旅游风景道，规划建设一批服务自驾车、房车等停靠式和综合型汽车营地
2018 年 3 月	国务院办公厅	《关于促进全域旅游发展的指导意见》（国办发〔2018〕15 号）	加快建设自驾车房车旅游营地。推广精品自驾游线路，打造旅游风景道和铁路遗产、大型交通工程等特色交通旅游产品
2018 年 6 月	国家体育总局	《关于加快推动汽车自驾运动营地产业发展的通知》	—
2019 年 8 月	国务院办公厅	《关于进一步激发文化和旅游消费潜力的意见》（国办发〔2019〕41 号）	着力开发自驾车旅居车旅游、体育旅游、森林旅游、康养旅游等产品
2019 年 9 月	国务院办公厅	国务院办公厅《关于促进全民健身和体育消费推动体育产业高质量发展的意见》（国办发〔2019〕43 号）	引导汽车摩托车等运动项目产业合理布局。分项目制定新一轮产业发展规划，加强相关基础设施建设

汽车运动休闲特色小镇不仅能够承载旅游与休闲的功能，还是适合全域旅游和“旅游+”等发展模式的典型实践样本，将在旅游供给侧改革与“三步走”发展战略中起到先锋实验的作用。主题公园与营地作为体验式旅游的集成样本，既能够植根小镇为特色小镇充实内容，并与之结合最大程度地发挥各自优势，又能为小镇的文化培育和业态拓展提供新的思路和方向。

3.2 产城融合理念的启示

从住房和城乡建设部、国家发展和改革委、财政部三部委《关于开展特色小镇培育工作的通知》（建村〔2016〕147 号）中将特色产业形态作为小镇培育要求，到国家发展改革委办公厅在《关于建立特色小镇和特色小城镇高质量发展机制的通知》（发改办规划〔2018〕1041 号）中，强调特色小镇“产业立镇”，“产业特而强、功能聚而合、形态小而美、机制新而活”，我国对特色小镇中产业地位的认识经历了重塑定义的过程，产业对于特色小镇的基础性地位进一步深刻。

产业是特色小镇的根基和依托，产业立镇是特色小镇培育的第一要务。“产城融合”理念[①]指产业与城市生活打破单功能隔离的状态而相互融合，重视城镇化与产业化发展的协调性和互动性，是区域功能和业态相互渗透、包容的新形态，对汽车运动休闲特色小镇的培育具有指导意义。

3.2.1 产城融合的实践现状

产城融合概念的提出与我国开发区建设密切相关。随着我国改革开放的推进，经济开发区模式承担了重要的历史使命。但随着在工业化进程深入、开发区的类型不断丰富、产业新城等新兴城镇空间的出现，开发区的功能结构与产业结构单一的问题逐渐暴露，且土地开发利用水平低效、大量侵占基本农田等现象层出不穷，导致开发区内部系统形成孤岛经济，成为开发区产业发展与城镇生活脱节的主要诱因，制约了区域经济的进一步发展。

为了优化产业结构，加强产业与地区发展间的关联促进能力，在“十二五”期间，各地方逐渐将“产城融合”发展要求提上日程。2013 年 6 月，国家发展改革委在《贯彻落实主体功能区战略推进主体功能区建设若干政策的意见》（发改规划〔2013〕1154 号）中，提出“鼓励按照产城融合、循环经济和低碳经济的要求改造开发区”，“产城融合”一词

① 杜宝东．产城融合的多维解析 [J]. 规划师，2014(6)：5–9。

首次写入国家政策文件。2014 年 3 月，《国家新型城镇化规划（2014 — 2020 年）》中提出将“推进功能混合和产城融合”作为新型城镇化规划的目标之一。

在产城融合发展要求的指导下，示范区建设提上日程。2015 年 7 月，国家发展改革委办公厅发布《关于开展产城融合示范区建设有关工作的通知》(发改办地区〔2015〕1710 号)，拟在全国“选择 60 个左右条件成熟的地区开展产城融合示范区建设工作”，在促进产业集聚和加速产业发展的同时，以产城融合理念因势利导地促进单一生产型园区经济向综合型城市经济转型，促进该区域成为“产业发展基础较好、城市服务功能完善、边界相对明晰的城市综合功能区”。该通知为产城融合的具体操作提供了切实可行的方案。

国家层面出台的多项政策中贯彻了“产城融合”的理念。2015 年 4 月，国家发展改革委、国土资源部、环境保护部、住房和城乡建设部等四部委联合发布《关于促进国家级新区健康发展的指导意见》（发改地区〔2015〕778 号），将产城融合作为指导思想和基本原则写入其中，强调“坚持产城一体，实现产业发展与城市建设互相促进、融合发展”；2015 年 12 月，国家发展改革委、科技部、民政部、国土资源部、环境保护部、住建部、商务部七部委发布《关于促进具备条件的开发区向城市综合功能区转型的指导意见》（发改规划〔2015〕2832 号）以产城融合的理念作为引导，推动具备条件的开发区城市综合功能改造，“使具备条件的开发区成为产城融合、集约紧凑、功能完善、生态良好、管理高效的现代化城市综合功能区”；2016 年 9 月，国家发展改革委、科技部、工业和信息化部、国土资源部和国家开发银行五部委发布《关于支持老工业城市和资源型城市产业转型升级的实施意见》（发改振兴规〔2016〕1966 号），将“按照促进产业转型升级核心目标，支持建设产城融合的产业转型升级示范园区”作为主要目标之一，为推动产业转型升级培育新供给和新动力。

在产城融合理念基础上培育的特色小镇，能够将产业与城镇发展结合，以城镇功能合理的布局和定位作为产业拓展开发的基础与载体，有利于区域经济发展和城镇功能多元化的实践。

当前，从国内特色小镇的培育现状看，尚存在产城融合不足的问题，具体表现在以下两方面。

（1）点状开发为主，缺乏功能有机融合，规划理念不明确

由于产业在特色小镇的培育过程中起关键作用，各地存在将产业园区、经济技术开发区或高新技术园区加以简单包装，不考虑实际现状，简单以地理位置拼合附近人居环境，从而移用特色小镇概念吸引投资或获得补贴的现象。出现这一现象的根本原因在于对现状要素关联的有机联系认识不足，规划理念不明确。如此生拼硬凑而成的特色小镇，其元素普遍缺乏有机关联，开发缺乏整体性，导致生长状态离散，无法集合优势要素实现业态升

级和转型。在后续规划实施和运营过程中吸引的各类资源仍旧集中在原本的优势产业以及强行植入而不符合自身转型规律的流行产业，因而无法就契合小镇切实发展需求的方向带来建设性的帮助。

（2）普遍缺乏以城乡居民为主体地位的发展意识

缺乏以人为主体这一意识。具体表现为将发展简单等同于土地开发和城镇建设，对生产生活、人文风土、生态环境等要素缺乏考虑，忽略以人为核心的基本理念。许多地区在特色小镇培育过程中，沿用技术开发区、高新技术园区的理念，在核心区植入与原有文脉断裂的“飞地”，而对原住居民进行迁出安置。尽管达到了引入高端人才的目的，但在人的层面造成了社会关系的割裂，导致迁入人口与小镇之间、原住居民与新兴生产要素之间、原住居民与迁入居民之间缺乏认同感，无法有效汇聚小镇发展的内生力量。

3.2.2 汽车运动休闲特色小镇产城融合的理论依据

1. 市场经济促进新型集聚效应生成

在 2.1.2 节中，我们注意到了市场经济主导下的区域性产业集聚，即随着工业规模的井喷式增长，市场规模的扩大从而促进分工的程度的加大，厂商、机构或团体基于追求利益最大化的目标寻求要素价格较低的优势区位。此时，城市中心不再是许多产业的最优选择，它们将自发地寻找新的成本洼地，并在距离城市中心较远、但与之有密切联系的区域形成集聚。小城镇是城乡结合的枢纽，其制度机制灵活性能够良好地契合从企业角度出发的利益最大化。利用产业集群形成规模经济，增强了地区的竞争优势，而产城融合是产业集聚区开发建设的理念引导。

2. 产业内关联效应的诉求日益强烈

根据空间经济学的相关理论，在给定的运输成本水平上，产业内的关联效应越强，可维持的产业配置范围越大[①]，因而从地区发展的角度来看，吸引尽可能多的产业驻扎、丰富产业配置同样是利益最大化的本能需求。以传统制造业为主的产业集群自然发展到一定的阶段，可能出现产品技术趋同、本地竞争过度等现象，导致同区域内产业关联度低、同质化严重。此时，引进产城融合理念引导下的产业转型、更新统筹产业集群，升级和延展原有产业链[②]，有利于最大程度利用关联效应，充分发挥集聚优势。

3. 汽车社会演进催生小镇载体

本书第 2 章中已提到国内外汽车运动休闲特色小镇的诞生与汽车社会的推进存在密切

① 藤田昌久，保罗·R. 克鲁格曼，安东尼·J. 维纳布尔斯 . 空间经济学 [M]. 北京：中国人民大学出版社，2013。
② 蔡丽娟 . 产城融合视域下的制造业产业集群转型升级研究 [J]. 经济研究导刊，2018（5）：26–27，75。

的关联。据公安部统计，截至2020年年底，全国汽车保有量达2.81亿辆，私家车（私人小微型载客汽车）保有量突破2亿辆，机动车驾驶人数量达4.56亿人，汽车与国民生活已密不可分，其外延业态也从制造业工业、交通运输随之扩张到运动、休闲、文旅和教育等方面。汽车社会进程在小镇层面的表现包括了从事汽车产业的劳动者人数与比重、小镇居民小型客车保有量和保有率、路网密度以及自驾游出行意愿等，而这些维度的特征，与汽车产业链、交通运输业、旅游业方面的产城融合有着直接或间接的联系。在产城融合的视角下，汽车社会的内涵所包纳的需求和供应丰富多样，寻找小镇作为承载，发展汽车运动休闲特色小镇是汽车社会发展到一定阶段的必然产物，是具有发展优势的空间形态。

3.2.3 汽车运动休闲特色小镇建设的产城融合诉求

为了更好地在汽车运动休闲特色小镇中实践产城融合的发展理念，需要考虑参与的主体和服务的对象，重点关注以下方面。

（1）产地互动，整体规划

产城融合要求产业功能空间与城市功能空间相耦合，配套设施形成有序合理的要素流动。在因地制宜，精准定位的基础上，在规划初期就应明确作为开发的重点特色，各区块之间形成有机的联系，避免割裂，全面布局。社区共建参与产业发展，使小镇产业融入本地居民生活，通过汽车运动与汽车文化增强居民认同感。

（2）创新驱动，拓展业态

产业主导地区一般需经历要素集聚、产业集群和创新转型的过程。汽车运动休闲特色小镇建设往往是三者并行发展，对创新驱动的诉求相较要素集聚与产业集群更主动和迫切。因此，需要在培育汽车休闲、体育服务和精品赛事核心的同时，精准把握和开发未来发展点，同时向汽车、旅游、教育等方向引导和培育业态，从以观赏为主的单一消费模式向以体验为主的循环消费模式转变。

（3）以人为本，关注人居

产业、城镇、人、生态的协同发展是产城融合的本质。在小镇中关注民生，提高参与度，推进基础设施配建和公益性项目实施；汽车运动休闲特色小镇注重体验，培育时应避免出现引入产业造成文化断层的情况，充分尊重地缘文化，着重挖掘本土文化资源，打造具有地域色彩的汽车运动文化。在产业整体升级的同时改善人居环境，注重本地居民体育休闲服务需求，关注人居环境与生产建设匹配度，以提升居民兴奋感和获得感。

3.3 学科相关理论及应用

汽车运动休闲特色小镇的空间规划理论是具有一定开拓性和延展性的命题，现代空间经济学、城市规划、地理学和运筹学等学科提供了不同的思维方式与视角，可供相关领域研究与实践人员参考。

3.3.1 区域经济理论

1. 集聚经济理论

集聚经济是区域经济学理论中重要的组成部分。根据边际城市规模收益递减而边际城市外部成本递增的理论，当集群规模过小时，外部的成本高而受益低；随着集群的扩大，具有领头地位的厂商或产业发展到相当规模时，在一定经济空间中对其他厂商和产业具有支配诱发和推进的功能，如同受力场一般产生支配效应和扩散效应[①]；当集群规模过大，外部成本抵消规模收益效果，产业开始以转移和扩散为主。因而产业集群和扩散是相互制衡的两个方面。从集聚经济的角度来看，城镇是所在区域的一部分，其相对规模取决于在经济系统中与其他城镇的经济关系[②]。

集聚经济为汽车运动休闲特色小镇的产业规划和新兴业态培育提供了理论支撑，根据集聚经济理论，企业在城镇落地以获得集聚效应，随着产业的逐渐集聚，城镇规模随之增大，进而带来了更大的集聚效应；与此同时，随着大城市的规模扩张，其交通成本、土地成本上升，集聚效应相对低的企业则从大城市迁移出来，进入小城镇。因而城镇的行业特征体现于其产业的集聚效应，反映于城镇相对稳定的规模。汽车运动休闲特色小镇的业态多元化程度高，差异性和互补性并存，参考国外的成熟案例，发现它们大多与大城市在区位、交通、经济等方面具有密切的关联，但布局多受限于土地成本和原有规划，在交通条件优越的前提下对客群的空间距离自由度较高。此外，面向体验者的休闲运动相关业态往往对生态环境和人文环境的要求更高。综合以上条件，与大城市联系紧密的小城镇不仅拥有相对舒缓、悠闲、宜居的空间性格，而且能满足这类小镇相关产业的吸纳与集聚和新兴业态的培育，其规模体量也与产业的发展要求、集聚程度契合程度较高，是汽车运动休闲小镇发展的理想载体。

2. 增长极理论

增长极理论最早由法国经济学家弗朗索瓦・佩鲁（Francios Perroux）基于现代系统科

① 曾坤生．佩鲁增长极理论及其发展研究 [J]. 广西社会科学，1994(2)：16–20。
② 高鸿鹰，武康平．集聚效应、集聚效率与城市规模分布变化 [J]. 统计研究，2007（3）：43–47。

学和现代自然科学的基础上提出，他认为经济要素在现实世界中是在完全的非均衡条件下进行作用的，增长极被解释为特定经济环境中的推动性单位或集合，在增长或创新时，能够诱导其他经济单位增长①②。产业在特定的经济空间中存在中心区域，产生类似磁极作用，即增长极的极化效应。根据这一理论，在一定的空前区域中经济通常难以做到平衡发展，而往往从一个或多个增长中心逐步辐射，增长极的出现能够拉动相关产业的发展，从而带动地区经济的整体繁荣。

增长极理论为汽车运动休闲特色小镇优势产业的培育提供了理论依据。在小镇中引入处于创新阶段、具备发展潜力的产业部门，将资金、信息、人才等资源集中，逐步形成地区经济的增长极，再利用产业扩散将成果及时转移到小镇其他区域，实现以特色产业带动整体经济发展的宏观目标。在这一过程中，政府宜适度引导，给予新兴业态一定的政策或投资倾斜，为重点培育的潜在优势产业和创新能力突出的新兴特色产业造就良好的发展环境。

3.3.2 经济地理理论

1. 中心地理论

中心地理论由城市地理学的奠基人之一克里斯塔勒（Walter Christaller）于 20 世纪 30 年代首次提出，该理论关于一定区域内城市和城镇职能、大小和空间结构的静态分布，描述了规模经济和运输成本相互作用形成空间经济的发生机理。中心地理论指出人类经济活动的地理单元在空间分布上具有中心地和外围区的差异，主张合理利用地域差异，通过有效安排经济活动等途径促进整体经济的发展③。中心地理论认为，每个区域都具有中心，其规模等级依据中心地服务能力决定，每个中心所服务的区域在理想地表上呈六边形分布。

汽车运动休闲特色小镇作为一定范围区域内的中心地，对周边区域发挥着产业带动作用，承担了区域服务的核心功能，中心地理论对研究小镇的诞生规律和分布规律都具有重要意义，更可以为小镇核心区建设的合理性和科学性提供理论支撑。此外，中心地理论中资源要素整合的相关理论，以及对中心区城镇和一般城镇间功能等级的划分理念，也能够在一定规划和制度层面上指导区域内的产业分工协作，对城镇空间组织进行有效的协调和战略部署。

---

① 王仲智，王富喜．增长极理论的困境与产业集群战略的重新审视 [J]. 人文地理，2005（6）：40-43。
② 史东明．增长极理论与实践 [J]. 外国经济与管理，1995（2）：25-26+37。
③ EATON B C，LIPSEY R G. An economic theory of central places[J]. The Economic Journal，1982，92（365）：56-72。

2. 点轴理论

点轴理论是1987年我国经济地理学家陆大道院士基于克里斯塔勒的中心地理论、佩鲁的增长极理论和德国学者沃纳·松巴特（Wener Sombart）的生长轴理论提出的，是适用于我国生产要素流动和经济空间结构发展的区域开发宏观理论。点轴理论提出了在区域的发展中，各级城镇中心作为“点”，起发展主导作用；联结各点的线状基础设施束作为“轴”，起到沟通和协调配置资源的作用。

点轴理论为汽车运动休闲特色小镇的产业发展布局和经济空间演进规律提供了依据，启发小镇以自身特色和禀赋为基础，首先重点发展条件较好、点状分布的区位，继而进一步以交通线路、生产供应线或特色景观带等线性功能区域作为轴线，以实现点与点之间要素交换，从“点”到“轴”，最终到“面”，从而实现地域空间的渐进式演化。

3.3.3 规划设计理论

1. 精明增长理论

精明增长理论（Smart Growth）是美国为了应对过速的市郊扩张（Suburban Sprawl）引发的一系列现象而提出的①，在大规模、快节奏的粗放式开发过程中，易出现以下几方面的问题②。

（1）开发缺乏空间与时间上的连续性。宏观层面，规划区块之间割裂明显，功能彼此分离，多为低密度、跳跃性的点。

（2）参见点状开发现象。由于高速向外扩展，配套基础设施耗费大量成本，对已有设施维护工作不到位，新建、扩建多于修复。

（3）由于更多地使用汽车进行地面交通而导致的交通堵塞和空气污染日益严重。

（4）居住环境质量下降。由于评估分析不及时，大量休憩用地与生态环境敏感区遭破坏；住房与社区配置以现代大城市为单一标准，同质化严重，且难以动态更新。

精明增长理论针对以上快速开发的弊端，主张摒弃原有的粗放型发展模式，关注城市空间的营造、基础设施的长期维护与持续更新③。特色小镇的培育是长期而动态的过程，需要吸取先进经验做出量体裁衣的设计，因而针对汽车运动休闲特色小镇的空间规划，精明增长理论具备科学而严谨的实践意义，具体应用的理念与方法包括以下几点。

---

① BURCHELL R W，LISTOKIN D，Galley C. C. Smart growth：More than a ghost of urban policy past，less than a bold new horizon[J]. Housing Policy Debate，2000，11（4）：821-879。

② DOWNS A. Smart growth：Why we discuss it more than we do it[J]. Journal of the American Planning Association，2005，71（4）。

③ Smart Growth[W]. Sustainable Communities Online，https：//www.sustainable.org/smart-growth。

（1）限制开发的边界和区划，在提高居住密度的同时配套混合用途的公共开放空间与面向行人的便利性设施，使生活单元更加紧凑。同时完善公共交通，为居民提供便利，以降低日常短途出行的汽车使用率。

（2）把握特色小镇体制机制灵活性强的特点，为专业人员提供便利条件，促进规划的科学制定和有效实行。

（3）小镇的培育不是新旧割裂的断崖式开发，应充分关注旧社区的修复更新，合理建设安置房和经济适用房，避免开发过速可能引发的原有居住区居住质量下降等问题。

（4）建筑、街道等细部设计方面注重小镇当地的风俗传统和地域特色，美观与实用性并重。

精明增长理论的应用如同机器运作的缓冲装置，有助于小镇培育的科学引导与平滑过渡，尤其对于许多规划有失可操作性、实际建设与规划不吻合、不能满足原住居民需求的特色小镇而言，应用精明增长理论可以从人性化的角度及时纠偏，为小镇的可持续发展打下坚实的基础。

2. 场所文脉理论

20 世纪 60 年代末，西方城市规划学界逐渐意识到人与场所关系的重要性。“场所”逐渐代替“空间”的概念，作为有意义的空间，在文化与体验内涵的基础上形成城市的意象，场所要求认同感，对本土文化、环境特征等体现城市特色风貌的方面提出了新的要求。文脉（Context）指一定历史和环境条件中人、建筑、所在地区和文化背景之间关系的动态总和。文脉理论最初属语言学范畴。1963 年，加拿大建筑理论家彼得・柯林斯（Peter Collins）首次使用“环境文脉”一词，强调建筑群与城市相关的历史延续性。1965 年前后，文脉主义城市分析方法逐渐在康奈尔学派间流行。现代建筑与城市规划中的文脉思想出现后，经过数代学者的探讨、阐释和演绎，广泛应用于城市空间塑造的实践中。

文脉理论主张剖析物质与意识形态的文脉要素，包括当地原有空间形态的建构格局、以人为尺度的空间环境状态和服务设施系统等具象层面，以及传统价值观念、发展历史、地方习俗和社会心理等抽象层面。在特色小镇的培育过程中，文脉理论可以指导内部空间环境的营造，具体则体现在小镇总体形态的框架设计、功能的架构、交通系统的组织和景观环境的融合延续等诸多方面。

3.4 小结

我国特色小镇的培育具有较强的政策依赖性，因而在对理论与实践进行研究时，需要着重就政策基调入手开展分析。本章介绍了在发展环境与政策支持下特色小镇培育的必要性和可行性，在产城融合作用机理下汽车运动休闲特色小镇的实践背景与实践情况，以及在区域经济学、经济地理学和城乡规划设计学科领域契合汽车运动休闲特色小镇现阶段发展需要的理论与应用。汽车运动休闲特色小镇的发展受到多方面因素影响。

第一，城镇化与城乡关系发展环境影响小镇的载体与形式。我国的城乡关系经历了从城市化到新型城镇化的演变，小城镇建设从粗放型发展逐步过渡到协调发展。特色小镇建设关系城乡经济结构转型，也是新型城镇化建设的积极实践。

第二，汽车产业发展环境影响小镇的产业基础与未来业态走向。汽车产业不仅是国民经济的战略性和支柱型产业，而且关联业态众多，对上下游产业链有明显的拉动作用，反之特色小镇也成为推进汽车产业转型升级的平台和展示窗口。

第三，体育产业发展环境影响小镇的活动参与基础和特色主题基调。被视为国民经济支柱产业和幸福产业的体育产业可划分为竞技运动观赏服务业和健身休闲娱乐服务业两大领域，其中体育比赛可对举办地产生宣传作用，具备强势影响力的比赛品牌能带动赛事旅游消费，推动形成具有地域特色的比赛文化；全民健身的积极推广关系我国教育、养老、医疗卫生事业的进步；体旅融合能够因地制宜助推区域经济。

第四，旅游业和休闲产业发展环境影响小镇的活力要素和提质路径，通过充分融合当地资源、挖掘和提取地域文化精神的方式开发旅游是当前科学有效且较为普遍的旅游业发展思路，挖掘与结合地域文化的旅游业适宜在汽车运动休闲特色小镇中找寻土壤。

此外，产业是特色小镇的根基和依托，产业立镇是特色小镇培育的第一要务。“产城融合”理念意在促进产业与城市生活打破单功能隔离的状态而相互融合，重视城镇化与产业化发展的协调性和互动性，是区域功能和业态相互渗透和包容的新形态，对汽车运动休闲特色小镇的培育具有指导意义。当前国内特色小镇的产城融合现状还存在许多问题，例如，功能有机融合不足，规划理念不明确；普遍缺乏以人为主体的发展意识等。在汽车运动休闲特色小镇中实践产城融合发展理念，需要产地互动，整体规划；需要创新驱动，拓展业态；也需要以人文本，关注人居。

在区域经济理论中，集聚经济为汽车运动休闲特色小镇的产业规划和新兴业态培育提供了理论支撑，增长极理论为汽车运动休闲特色小镇优势产业的培育提供了理论依据；在经济地理理论中，中心地理论对研究小镇的诞生规律和分布规律都具有重要意义，可以为小镇核心区建设的合理性和科学性提供理论支撑，点轴理论对汽车运动休闲特色小镇的产业发展布局和经济空间演进规律提供了依据，从“点”到“轴”，最终到“面”，从而实现地域空间的渐进式演化；规划设计理论中，精明增长理论有助于小镇培育的科学引导与平滑过渡，从人性化的角度及时纠偏，为小镇的可持续发展打下坚实基础，文脉理论可以从总体形态的框架的设计、功能的架构、交通系统的组织，到景观环境的融合延续等诸多方面指导特色小镇内部空间环境的营造。

4 发展路径

在任何特定的时刻，我们的科学理论不仅依赖于实验等等（它构成了该时刻），而且也依赖于人们认为理所当然的偏见，因此，我们已经变得不认识它们（虽然一定的逻辑方法的运用可能有助于我们查验它们）。无论如何，在涉及这一硬壳方面，我们可以说，科学能够了解和破除它的一些硬壳。这个过程可能从不会完善，但是并不存在必须在它面前突然却步的固定障碍。任何假设原则上都可以批评。任何人都可以是批评的对象，这点构成了科学的客观性。

——【英】卡尔·波普尔《开放社会及其敌人》

特色小镇不是空中楼阁，而是拥有发展基础的、适宜的区域在具备一定条件和契机时，加以适度引导后逐步发育的产物。培育基础和对应的发展路径，决定了小镇能否获得长期的发展优势。

4.1 从汽车运动发展的汽车运动休闲特色小镇

4.1.1 培育基础

我国早在20世纪初就已接触汽车运动。1907年，由法国《晨报》发起的、第一次跨越两个大洲的汽车比赛——北京—巴黎汽车比赛将起点设在中国。新中国成立后，摩托车比赛率先发展，我国内地的拉力越野和场地类汽车比赛则分别开始于20世纪80年代和90年代。2004年F1进入中国后，汽车摩托车运动（以下简称汽摩运动）得到长足的进步。截至2019年，每年在中国举办的国际性、全国性和地方赛事数量近千场，除F1外，世界电动汽车方程式锦标赛（Formula E）、世界耐力锦标赛（WEC）、世界房车杯赛（WTCR）等国际顶级赛事已将中国作为常设一站；世界汽车拉力锦标赛（WRC）、德国房车大师赛（DTM）、世界摩托车锦标赛（MotoGP）、世界摩托车越野锦标赛（MXGP）等比赛也进入中国市场。国内汽车运动产业与汽车运动爱好者群体基础逐渐扩大；截至2019年，拥有国际赛车场的省、自治区和直辖市共计14个①，这个数字仍在持续增长。

赛事文化是可贯穿汽车运动休闲特色小镇发育始终的鲜明特色。这类小镇从汽车运动主题的实体空间出发，以一个或多个知名赛事文化为依托，通过自身的升级、配套基础设施的完善、周边业态的发育和产业空间外延的扩大，形成小镇层面的整体发展基元。

全民体验是能为汽车运动休闲特色小镇发育提供持续活力的元素。这类小镇同样从汽车运动主题的实体空间出发，以丰富的体验内容为中心、周边完善的服务设施为保障，通过适宜的消费服务导向，业态发育逐步多元，同时加强主导产业优势，发掘产业未来增长点，最终形成小镇规模的发展布局。

4.1.2 主要特征

不同类型的汽车运动休闲特色小镇拥有各自鲜明的主要特征。

以赛事文化特色为起点的汽车运动休闲特色小镇，其发展路径具有以下特点。

（1）知名赛事概念引领规模形成。相比较小镇规模的全面建设而言，基于专业场地而

① 分别为：北京、上海、内蒙古、河北、江苏、浙江、湖北、四川、海南、贵州、广东、台湾、香港、澳门——作者注。

举办的知名赛事具有灵活可调、试验性强、随时间推移而影响力价值提升的特点。赛事文化往往早于实体空间规模的形成，赛事概念既为塑造特色小镇的主题创造了发挥和遴选的多元空间，也便于后期整体的形态塑造。

（2）具有不可复制性。在孕育赛事文化后，小镇作为知名赛事的发源地成为爱好者们情怀的寄托，地域与文化属性之间产生了密切的关联，形成了无法替代的价值符号，使小镇变得独一无二，不可完全复制。即使相同或相似的概念被移用到其他地区，也仅等同于文化的扩张和输出而非转移。

（3）业态形式发育及影响范围扩张与小镇生长周期契合。小镇生长周期较长的原因，在于产业与地域空间多元素的结合需要一定时间。赛事文化所关联的业态形式发育，实际是以知名汽车、摩托车比赛文化为主导、相关产业业态为外延的内容逐渐丰富和改造空间形态的自然过程，这一过程能够与适当引导下的小镇成长相配合协调，符合控制成本和精明增长的需要。

以全民体验特色为起点的汽车运动休闲特色小镇，其发展路径具有以下特点。

（1）游客停留时间长。汽车运动体验需要良好的专注力和体力，因而异地体验者为了获得良好的体验感，通常需要在场地附近停留超过 1 日，停留时间的延长能有效汇聚人气为发展当地旅游服务业起到良好的促进作用。

（2）刺激消费。汽车运动体验的参与者中，作为主要群体的日常驾驶者、汽车运动爱好者、亲子家庭，具备一定的经济基础，拥有积极的消费观念，因此能够带动当地的消费，促进地区经济增长。

（3）体验形式灵活多元。汽车运动从世界顶级赛事到儿童体验，具有丰富的层级，且体验场地和体验形式多元。以欧美国家赛车场常见的赛道日体验活动为例，高等级赛道可开放部分或全部区域用于赛道日体验，能够获得大量慕名而来、追求情怀的车迷体验者；中小型赛车场的赛道日由于排期规律、价格相对低廉等特点，对重度玩家的吸引力更强。

4.1.3 发展思路

以赛事文化特色为起点的汽车运动休闲特色小镇的基础是专业汽车、摩托车运动场地，后者可以是国际赛车场、汽车运动与文化主题公园、适合举办越野拉力的线路等。这类小镇以专业场地作为基础，打造受众面广泛、创新性和实践性强、具备未来发展升级空间的赛事概念；通过科学的运营和包装，推进赛事系列化和常态化；通过形成联赛、杯赛、锦标赛等机制扩大规模和影响力，从而塑造具有独创性和知名度的赛事品牌。

随着赛事影响范围的扩大和商业价值的提升，俱乐部车队、培训机构、技术服务公司、赛事运营公司、广告营销公司、赛事管理机构的办事处、参赛厂商的赛车研发部门等汽车运动相关产业入驻专业场地周边区域，与外延和配套的餐饮、住宿、康养、教育、医疗等业态共同形成以特色比赛为主题的多功能服务空间，组成了小镇的初期形态。

在政府主管部门的适当引导和品牌无形价值的吸引下，由市场力量介入、各方资本参与，进一步以小镇为发展单元制订相应的城乡发展规划和产业发展规划，完善基础设施建设，提高公共服务水平，加强与周边城市的联系，最终形成功能齐备、产城融合、生态友好的汽车运动休闲特色小镇。

全民体验特色与知名赛事特色可以是互为补充、互为增益的关系。一方面，国外汽车运动发展始于 19 世纪末，至今已有近 130 年的发展历史，专业汽车运动场地经历了更迭换代的过程，许多建设时间较早的国际赛道在安全层面已部分或完全丧失比赛的功能，只作为旅游和体验场地向大众开放；另一方面，高等级的专业汽车运动场地可以向下兼容，在安全可控的范围内开放驾驶体验。

4.1.4 经典案例

意大利蒙扎是以汽车赛事文化为突出特色的汽车运动休闲特色小镇案例（图 4-1）。蒙扎是历史文化名城（图 4-2），但其在意大利的众多古城中形象尤其夺目的主要原因并不是其有 1 300 多年历史的古迹，而是意大利汽车运动。蒙扎国际赛道（Autodromo Nazionale Monza）坐落于欧洲最大的封闭式公园蒙扎公园，周边有超过 700 公顷的草地与林地，且河

图 4-1 意大利蒙扎

图 4-2 蒙扎博物馆

流湖泊纵横点缀（图 4-3）。蒙扎赛道建成于 1922 年，除 1980 年外，一直是意大利大奖赛的举办地，可视为意大利汽车运动文化的集中体现。蒙扎属高速赛道，被誉为“速度圣殿”，是一级方程式（F1）法拉利车队的主场。每年大奖赛期间，大量法拉利车迷汇聚在此，将城市点缀成红色的海洋，蔚为壮观（图 4-4）。众多改变汽车与汽车运动发展史进程的新技术，例如盘式制动器、赛道护栏、排水沥青在蒙扎率先得到试验，汽车运动文化在蒙扎长期沉淀，历史情怀深深烙印在蒙扎小镇中（图 4-5）。蒙扎还举办过国际音乐节、大型节日、展览会等主题活动。高等级的赛事带来了直接的经济效益，并长期促进地方知名度提升、基础设

图 4-3 蒙扎赛道

图 4-4 蒙扎的法拉利车迷

图 4-5 具有赛车元素的蒙扎餐厅

施建设水平提升、当地人口素质的提升和小镇长远而稳定的发展。

德国纽博格镇（德语：Nürburg）是欧洲著名的赛道体验圣地（图 4–6），纽博格林赛道北环公众开放日广受欢迎。赛道在 1976 年前作为 F1 大奖赛的举办地，如今除了举办房车赛、耐力赛外，还是汽车厂商进行测试、汽车运动爱好者参加体验的圣地（图 4–7）。陡峭的赛道纵坡和大量弯道，使其具有高挑战性，被誉为“绿色地狱”。汽车运动爱好者们将印有纽北赛道线形的车贴作为曾经参与纽北赛道日的标记[①]，以展示其驾驶能力和资历。纽博格林位于德国西部，靠近比利时、卢森堡和荷兰的边界，距离法兰克福、杜塞尔多夫、比利时的斯帕约两小时车程，距离斯图加特约三个小时车程。赛道周边分布有大量汽车制造商的驾驶测试基地。由于公共交通设施不够完善，外地游客通常以周边主要城市为起点开车到达赛道周围的小城镇，再到赛道体验。当地给游客提供了便捷的商业服务，南环部分建有设施完善的主题公园和购物中心，赛道附近有从星级酒店到民宿的住宿选择。前来体验的测试厂商和客群整体带动了地区的发展（图 4–8）。纽博格镇也作为一种汽车运动文化符号成为影响深远的汽车运动休闲特色小镇。

图 4–6 纽博格镇

图 4–7 纽博格林赛道

图 4–8 纽博格镇街景

以此种路径发展的小镇以国外案例居多，也是多种发展路径中最值得借鉴和分析的一类。较为经典的还有孕育汽车耐力赛的法国小镇勒芒、纳斯卡的诞生地戴通纳海滩等，将分别在本书的第 7 章、第 9 章进行详细的研究和分析。

① MIKE B. Track Day Manual[M]. Somerset：Haynes Publishing，2008。

4.2 从汽车产业发展的汽车运动休闲特色小镇

4.2.1 培育基础

汽车制造产业能够为在该地培育汽车运动休闲特色小镇提供口碑与资源。汽车关键零部件生产所在地、汽车制造产业园区、车企总工厂与重要分工厂利用自身产业的内聚力及推动作用，适时地引入汽车运动、休闲和文化，在提高当地发展水平的同时吸引主题性旅游客群，发挥扩散效应，形成特色小镇。我国作为当前世界汽车工业第一大国，虽然自主制造研发较晚，但已成为世界汽车产销量第一的国家。然而，我国的科技实力仍须提升，汽车文化有待培育，未来汽车的技术突破也呼吁各国汽车产业抢占高地。因而，以汽车产业为起点可以为小镇的发展奠定良好的基础。

4.2.2 主要特征

以此类路径发育生长的小镇具有如下特点。

（1）主题形象的相互助益。以车企品牌为主题的小镇，其特色的塑造与品牌自身发展过程中逐渐沉淀的特性和文化密不可分；反之，小镇的发育也有利于企业品牌的价值提升，进一步依托地域风土塑造品牌文化、小镇的旅游形象打造和休闲服务提升能够为车企带来加倍的宣传效果，最终实现产业与小镇的双向助益。

（2）发展具有内生力。产业是小镇发展内生力量的保证。产业为小镇带来了集聚的人口，提供了物质基础，并以集聚的形态为小镇塑造特色风貌；同时，小镇能丰富服务的层次和品类，更便捷地为集聚的创新型产业提供高新技术的研发条件，从而进一步促进产业的发展。这一相互促进的过程为小镇的发展提供了内生力。

（3）促进转型升级。汽车品牌总部是该品牌发展方向的风向标，故而在汽车品牌总部或大型厂区所在地引领与开拓多元化业态，有利于效率最大化地推动产业转型升级的进程。例如，在汽车制造产业的基础上，发展汽车销售与服务产业特色、智能网联与无人驾驶产业特色，不仅有利于企业内部优化产品结构加速转型，也利于吸引高质量的稳定客群。

4.2.3 发展思路

从汽车产业出发的汽车运动休闲特色小镇拥有优越的发展基础，但需要加强顶层设计的指导，同时谨防产业结构单一化带来的风险。在特色方面，既要挖掘和提炼原有的产业特色，又要增加汽车运动、文化与休闲的主题元素，强化汽车高精尖技术研发的展示力度；

与此同时，应充分尊重地域文化，在原有人文风貌的基础上衍生出符合发展目标的运动休闲主题。

在汽车产业的发展基础上，建设专业赛车场、专业汽车测试场、智能网联测试场等设施，能够更好地发挥汽车高新产业的优势，延伸产业链。其中，专业赛车场可发挥的作用尤其突出，既可以承担汽车测试、科研试验、智能网联测试等汽车相关科技的研发项目，又能够拓展多元化业态，提供专业赛事举办、车企宣传推广、驾驶教育培训、汽车运动体验、赛车主题旅游等服务，更便捷有效地加快特色小镇的培育进程。

4.2.4 经典案例

巴黎可以视为这一路径的先锋实践者。19 世纪末到 20 世纪初，法国内燃机汽车工业逐渐成熟，形成集聚效应，促成了汽车运动的萌芽，历史上第一次汽车比赛即在 1894 年由巴黎媒体《小日报》发起、路线为“巴黎—鲁昂”。此后约 20 年时间内，巴黎成为全世界的汽车工业中心和汽车运动中心，早期汽车比赛纷纷将巴黎作为举办地、起始点或终点，最早的汽车运动管理机构法国汽车俱乐部，以及世界汽车运动管理机构——国际汽车联合会（FIA）的前身国际汽车俱乐部特许协会（AIACR）均在巴黎诞生并设立总部（图 4-9）。尽管随着汽车工业在全球的兴起和汽车运动广泛繁荣，巴黎作为汽车运动中心的地位很快被稀释和弱化，但仍然可以作为参照的样本，成为从汽车产业出发、逐渐形成汽车运动休闲特色小镇的典型案例。

美国底特律被誉为“汽车城”“世界汽车中心”，是汽车产业集群的代表，底特律是通用汽车公司所在地。第二次世界大战期间，底特律汽车工业是美国民间资本力量的重要来源，以汽车为主的制造业、金融、高新技术和卫生康养成为城市产业经济的主要组成部分。作为汽车制造产业发达的城市，底特律在汽车运动、汽车文化和休闲方面积极拓展。底特律举办汽车比赛的历史可以追溯到 1905 年，20 世纪 20 年代起，汽车运动的传统在底特律长期延续下来。1982 年起，一级方程式锦标赛（F1）在底特律举办街道赛，被称为“底特律大奖赛”（Detroit Grand Prix），可惜由于政府不希望投入过多资金用于设施建设，赛道条件不尽如人意，引起了车手与管理机构的不满，最终在 1988 年出于安全考虑，底特律在 F1 赛历中被取消。失去 F1 的底特律仍在举办美国顶级开轮赛

图 4-9 国际汽车联合会法国巴黎总部

图 4-10　底特律大奖赛赛道

车系列赛——印地车赛以及各类跑车赛和越野赛，拥有包括一条国际二级赛道在内的多个汽车运动场地（图 4-10），延续着底特律大奖赛的品牌和汽车运动的传承。底特律在智能网联、无人驾驶等汽车高新技术的研发方面也具备雄厚的实力和优势（图 4-11），既与科研单位合作进行实验和研发，也向厂商和公众提供测试与展示等服务，在汽车技术的前沿阵地上处于领先地位。

图 4-11　底特律街道上的通勤用无人驾驶接驳车

德国斯图加特被誉为“汽车摇篮”，是保时捷、梅赛德斯奔驰、戴姆勒等汽车品牌以及博世、马勒等汽车零部件品牌的总部所在地，被认为是世界汽车工业的发源地。斯图加特注重汽车文化方面的延展，建设了著名景点梅赛德斯—奔驰博物馆和保时捷博物馆（图 4-12）；有赖于出版业的发达，大量汽车爱好者杂志在斯图加特出版发行。斯图加特科研教育方面的投入在德国首屈一指，是全

图 4-12　斯图加特保时捷博物馆

德著名的创新中心，每年在斯图加特的研发成本投资占德国总量的11%以上[①]，其汽车工程学科一直维持着雄厚的实力，拥有六家弗劳恩霍夫学会应用研究所[②]，数量居全德第二。在汽车运动与休闲方面，斯图加特拥有一条可追溯至1903年、举办过F1比赛的汽车摩托车赛道桑提图德赛道（Solitude Racetrack），现举办古董车嘉年华、赛车主题游行等活动（图4-13）。斯图加特赛车俱乐部成立于1913年，是德国历史最悠久、规模最庞大的汽车俱乐部之一，长期在德国及国外各大赛车场举办专业赛事与体验活动。以汽车产业作为底色的斯图加特已成为德国全国性的经济、工业、旅游和出版中心，也是世界著名的汽车运动休闲特色小镇。

图4-13 保时捷在斯图加特举办纪念庆典

上海嘉定安亭汽车城、长春红旗智能小镇和株洲高新区是国内积极培育从汽车产业出发的汽车运动休闲特色小镇的典型代表。自2018年开始建设的大庆赛车小镇以发展汽车产业为核心，将汽车运动作为发展引擎，发展赛车服务、冰雪游乐、高端温泉、文化会展、商贸餐饮于一体的产业体系，引进国内外赛事并建设国家级赛车培训基地，也致力于发展成为要素完备的汽车运动休闲特色小镇。本书第8章和第11章将展开分析的美国印第安纳波利斯市斯皮德韦小镇和德国沃尔夫斯堡也是从汽车产业出发，逐渐形成小镇的经典案例。

4.3 从汽车休闲发展的汽车运动休闲特色小镇

4.3.1 培育基础

汽车改变了现代生活的格局，催生出众多以车程作为距离尺度和时间尺度的生活方式。汽车休闲通常指自驾旅行、汽车露营等以汽车为载体或工具的休闲娱乐活动。随着自驾旅行作为自助游的新形式甚至主流形式之一，公众对于个性化生活方式的追求进一步得到体现。从汽车休闲发展的汽车运动休闲特色小镇通常以自驾旅游胜地为基础，具备人文与自

① University of Stuttgart，University of Hohenheim，Stuttgart Institute of Management and Technology。
② 弗劳恩霍夫学会（Fraunhofer Society）是德国应用科学研究机构，在德国各地及其他国家设有研究所，每个研究所专注应用科学不同领域。弗劳恩霍夫学会是欧洲最大的应用研究和开发服务机构——作者注。

然的双重旅游资源，伴随着小镇的发育、基础设施建设的逐步完善、社会服务质量的逐步提升，相关产业在汽车休闲的带动下兴起，形成以汽车自驾游为核心，以生态宜居和多产业协同发展为面貌的旅游主题特色小镇。

4.3.2 主要特征

此类小镇通常具备以下几个主要特征。

（1）丰富的旅游资源和完善的配套服务。旅游资源是发展休闲产业和旅游业的关键性基础，在以休闲为主要特色的小镇中，旅游业作为主导产业之一引领着发展模式的建构。

旅游服务质量是旅游业作为现代服务业的内在属性，因而配套服务的完善是小镇旅游高质量发展的必然要求。小镇内建设旅游综合服务区、自驾露营地等完善的配套服务设施。实现旅游供给要素齐全，旅游业带动性强，与文化等相关产业深度融合发展，业态丰富的预期。此外，在小镇范围内实现全域旅游发展目标，形成观光、休闲、度假业态协调发展的产业结构，综合效益显著。

（2）文化个性和文化底蕴。地域特色文化是旅游资源进一步挖掘开发的依托，小镇独有的共同体文化能够产生凝聚力，作为创新能力的保障，形成特色鲜明的软实力。部分小镇在培育前期已具备艺术活动基础，甚至衍生出初具规模的文化创意产业。以建设汽车运动休闲特色小镇为目标导向的开发为文化艺术活动的发展提供了物质基础和环境条件，催生出适合市场需求的商业性主题艺术，带来地区经济的繁荣。

（3）发达的道路交通。交通和旅游联合发展能够促进交通运输和旅游行业转型升级，完善的客运枢纽、高速公路服务区等交通设施配套旅游服务，能够为汽车运动休闲特色小镇打通血脉，使之成为综合服务水平高、运转机制合理的有机体。

4.3.3 发展思路

随着汽车社会的推进，汽车成为人们生活中不可缺失的组成部分，并从最初的交通运输功能逐渐向休闲娱乐方向延展，带动着人们出行范围的开拓。其中，自驾出行群体的增加是汽车社会的显著特征之一，交旅融合成为旅游与交通发展的新趋势。

从汽车休闲发展的汽车运动休闲特色小镇可依托当地旅游资源和交通系统，科学选址，逐步建成层次结构分明、服务覆盖广泛的汽车自驾运动营地网络，构建全域旅游升级的全面体系。在此基础上，可增强体育服务综合体建设，结合旅游资源或营地网络，建设汽车运动和体验的综合场地，提升用户的重游率和黏度；依托旅游业，扶持或引进休闲产业、体育产业、服务业等相关产业形成优势，配合基础设施建设的完善和公共服务质量的提升，为小镇的发展提供内部驱动力；打造文化主题特色，避免旅游产品同质化，通过文旅融合形成小镇作为旅游目的地的精神聚合力，从而最终实现汽车运动休闲特色小镇的可持续性发展。

图 4-14　西班牙朗达

4.3.4　经典案例

朗达（Ronda）小镇位于西班牙塞拉利昂代拉斯涅韦斯自然公园范围内，当地自然资源丰富，山区风光险峻奇绝；同时是人文历史底蕴深厚的古城、西班牙斗牛传统的发源地，也因为许多重要历史事件和众多文化艺术名人的事迹而具备深远的文化影响力（图 4-14）。开发商依托当地旅游资源和市场，在朗达打造了设施齐全的会员制私人赛车度假村阿斯卡里赛车度假村（Ascari Race Resort）（图 4-15），包含现代化赛车场、卡丁车场、越野场地及休闲度假服务配套，增加了面向中高端旅游客群的赛车、越野、4×4SUV 等汽车运动体验，提供种类丰富、品质卓越的旅游产品(图 4-16)[①]。当地政府积极引导，为将汽车运动文化与古城文化相融合实施一系列举措，例如，与著名赛车电竞品牌积极合作推广旅游，使朗达成为文化、艺术与休闲深度游览的胜地，逐步形成以文化旅游、度假娱乐为主基调的汽车运动休闲特色小镇。

图 4-15　阿斯卡里赛车度假村

图 4-16　阿斯卡里赛车场

① 资料来源：https：//ascari.net/sobre-ascari/。

英国古德伍德庄园（Goodwood）位于苏塞克斯（Sussex）乡村，是以特色活动、主题节日等丰富的特色文旅资源为发展路径，最终发展为汽车运动休闲特色小镇的典型案例。20 世纪 40~60 年代，因为古德伍德赛道的存在，古德伍德一度是英国汽车运动的精神家园，但随着汽车运动安全问题的日益凸显，赛道难以继续举办高等级汽车比赛。庄园主人、数代继承的里士满公爵发展了赛马、高尔夫、汽车爬山赛等休闲体育活动，发起了以汽车运动、英国汽车文化为主题的嘉年华式节日活动，形成了在世界汽车运动领域占据重要地位的文化活动品牌，为古德伍德带来了源源不断的游客、市场和机遇。古德伍德的主打旅游特色包括全世界影响力最深远的汽车运动与文化特色节日——古德伍德速度节（Festival of Speed）（图 4-17）、持续五天的世界赛马运动盛会——卡塔尔古德伍德节（Qatar Goodwood Festival）（图 4-18）、人们身穿复古装扮驾驶老爷车纪念历史的英式主题节日——古德伍德复古节（Goodwood Revival）（图 4-19）以及专门为作为汽车运动发烧友的古德伍德俱乐部会员举办的会员大会等。随着其知名度的提高，古德伍德的发展逐渐向日常化和休闲化趋近，大型节日活动采用预约制和会员制以保证服务质量，利用新媒体直播等方式扩大宣传力度等举措，也带来了持续的游客量，形成世界知名的主题式旅游休闲目的地。

图 4-17　古德伍德速度节

图 4-18　卡塔尔古德伍德节

遵循这种发展路径的汽车运动休闲特色小镇通常也是日常旅游度假的胜地，同样值得注意的案例还有意大利的蒙扎、博洛尼亚，摩纳哥蒙特卡洛，西班牙的加泰罗尼亚，中国澳门等，这类小镇对我国许多旅游资源丰富的城镇具有重要的借鉴意义。

图 4-19　古德伍德复古节

4.4 从其他产业发展而来的汽车运动休闲特色小镇

4.4.1 培育基础

由其他产业转型而来的汽车运动休闲特色小镇，所在地区原本通常缺乏发展汽车运动休闲相关的物质基础，但具备其他优势产业基础、鲜明文化形象或地域文化特性。开发者通过全局性的顶层设计和统筹引导，合理科学地规划布局，引入赛事活动资源，加快产业转型和结构优化，发展和扩大参与群体，将该地区培育成为汽车运动休闲特色小镇。

此类小镇常见的发展基础可能包括以下三类。

（1）工业发展基础。部分地区具备冶金工业、钢铁工业、机械工业等发展基础，由于产能过剩的弊端逐渐显露，产业面临结构性改革和转型问题以及资源环境的可持续发展问题，需要寻找新的经济增长点，设计开放可持续的转型路径。

（2）文化与文化产业发展基础。汽车为人类生活带来了多维度的变革，不可避免地成为现代社会文明的重要组成部分。有关汽车及相关衍生主题的文艺创作基于现实生活，又对未来有大胆的设想，受到流行文化的普遍青睐，基于汽车或与汽车密切相关的作品在形成一定的影响力，或是形成一定的产业生态后，也可作为小镇发展的培养基。

（3）成熟市场基础。许多地区是依托较为单一的自然资源迅速发展而来的资源城市，但随着资源逐渐枯竭或市场的变化，资源优势走向衰弱，地区需要发展新的优势产业。这类情况下，尽管当地内生力面临枯竭，但可能具备了成熟健全的消费市场、发达的交通和畅通的对外联系，同样适合引进汽车运动休闲业态。

4.4.2 主要特征

1. 特色元素鲜明且具备不可复制性

由其他产业转型而来的汽车运动休闲特色小镇往往在汽车运动与文化元素植入之前已

经具备鲜明的特色，例如，文化意象、工业遗存等资源，且与地域文化紧密关联，具备难以复制的优势。同时，特色鲜明与汽车运动的体验感、个性化有着不谋而合的兼容性，能够丰富城镇形象，形成文化气质上的互文关系。

2. 体育休闲业态及文化产业丰富多元

体育与文化兼具事业和产业双重属性，在为小镇培育新型优势产业的同时，能够通过实质上的普及而服务当地居民，提高休闲运动领域的公共服务质量，推进基础设施建设。形成汽车运动休闲特色小镇，要求体育休闲业态拥有足够的数量和较高的质量，文化产业与文化事业互为补充和促进，从而使受众范围最大化。

4.4.3 发展思路

资源型城市因资源开发而兴起，进入成熟期和衰退期后面临城市转型困境，因而培育特色小镇的过程就是驱动资源型城市转型的过程。宏观层面上，这类城市可能存在体制机制障碍和公共服务能力不足等问题，需要积极推进改革，发挥市场的自主调节功能；中观层面上，则需要针对产业结构的单一和新兴产业驱动不足等情况，引导培育新的优势产业，利用工业遗存发展主题旅游业、深度工业游等第三产业业态，调整产业结构，盘活地方市场；微观层面上，具有社会责任感的地方企事业单位可率先寻求经营范围和发展方向的延展与突破，促进市场自发的产业结构优化。

文化具备地缘性。部分地区出现由文学艺术作品的广受欢迎而衍生、提炼的文化 IP，发达的文化创意产业、具备鲜明特色的地域文化，均可作为特色小镇发展的基础，从文学艺术视角转变为文化的视角，发掘内在逻辑，将文化概念具象化，以实地项目增强体验性。作为基础设施的公路是现代工业文明的具体呈现，公路网建设与汽车的普及相依并存，因而公路文化也可视为汽车文化的衍生。

4.4.4 典型案例

资源型城市通过转型培育成为汽车运动休闲特色小镇的案例，国内外均有实践样本，形式灵活，各擅其长。

秦皇岛首钢赛车谷是钢铁制造业转型发展的典型案例，首钢集团下属秦皇岛首秦金属材料有限公司将业务搬迁到曹妃甸后，在旧有厂区的基础上改建为汽车运动与文化为主题的“赛车谷”，建设国际二级赛道（图 4-20），布局

图 4-20 秦皇岛首钢“钢铁赛道”

图 4-21　秦皇岛首钢赛车谷

汽车运动、汽车后市场、工业遗址公园、汽车教科研、娱乐度假营地、产业配套六大功能版块[①]，开发汽车主题公共艺术空间，借助秦皇岛旅游文化的推广力和汽车运动的关联带动能力，实现了产业空间的活化（图 4-21）。

鄂尔多斯市被誉为“中国新煤都”，煤矿资源为鄂尔多斯提供了城市发展的经济基础，也带来了资源型城市转型的考验。为调整城市产业发展格局，政府大力扶持装备制造业，而汽车产业由于对上下游关联产业的拉动效应显著，成为其重点发展对象。不仅如此，政府也致力于城市文化的培育，以文化引领和提升城市的核心竞争力，借助汽车主题参与区域高端竞争，延长以往单一的能源产业链，从而助力城市文化的积淀。2010 年，首条由中国人独立设计、独立施工、独立经营的国际二级赛道，位于康巴什区东部的鄂尔多斯国际赛车场落成并开放。以汽车运动与文化为主题，以国际赛车场为发展基础和契机，赛车文化旅游区不断完善关联业态结构，初步形成完整的旅游产品体系（图 4-22）。鄂尔多斯市将赛车小镇致力产业转型升级的重要载体，以小镇为整体格局的规划，将汽车主题公园布局在赛车文化旅游区的核心位置，其目的是充分发挥汽车运动与文化的活力，并作为文旅

① 秦皇岛首钢赛车谷正式开园．新华网 2019-08-16，http：//www.xinhuanet.com/sports/2019-08/16/c_1124886305.htm。

图 4-22　鄂尔多斯赛车小镇

综合体的造血元素，与周边相关业态实现充分的联动。这种专业运动场地先行、逐步培育文化氛围的做法，不仅为国内大量面临转型考验的资源型城市提供了借鉴与启示，也正在成为运动休闲特色小镇发展的一类主流趋势（图 4-23）。

图 4-23　鄂尔多斯国际赛车场比赛日

国外也不乏此类案例，如西班牙巴塞罗那作为欧洲大陆最早实现工业化的地区之一，是西班牙最大的工业中心，在此基础上发展了休闲产业、体育产业和旅游业，成为世界性的旅游目的地和运动休闲胜地；阿联酋著名城市迪拜开发了以汽车运动为主题的“汽车城”[①]，引入多种业态，包括国际一级赛道（图 4-24）、一级方程式赛车公园、汽车商贸以及住宅（图 4-25）、零售、办公、物流等；同样位于

图 4-24　迪拜赛道

① 中国拟在建项目网，中建签约迪拜汽车城项目，http：//www.bhi.com.cn/ydyl/gwdt/43359.html，2017-09-21。

图 4-25　迪拜汽车城住宅区

阿联酋政治中心的阿布扎比依靠丰富的油气储量和产量，逐步发展为经济发达的工业、文化、商业中心，政府实施多元化经济计划以减少经济体对资源的依赖，发展交通、旅游、房地产和零售业，重视文化的培育（图 4-26），由于当地汽车保有量高，汽车运动受到广泛欢迎，阿布扎比建成了国际一级赛道亚斯湾赛道，作为世界一级方程式锦标赛的收官战所在地，建成世界最大的室内主题公园阿布扎比法拉利世界（图 4-27），逐步发展为汽车运动与文化主题的世界级旅游目的地（图 4-28）。

66 号公路是美国公路文化的典型代表，也是自驾旅行的情怀之旅。公路以芝加哥的密歇根湖岸为起点，经过伊利诺依、密苏里、堪萨斯、俄克拉荷马、得克萨斯、新墨西哥、亚利桑那、加利福尼亚至洛杉矶，穿越美国八个州与三个时区，全长 2448 英里（约 3940 公里）[①]。66 号公路并非由一条完整的公路组成，而是随着时间的推移和使用需求的变化，包含了大量备选路线。公路修建于 20 世纪 20~30 年代，曾在美国大萧条期间创造了数以万计的就业机会，为周边城市和乡村带来经济的振兴，围绕这条公路的历史和文化也催生出大量著名文学、音乐、影视作品，成为数代人的精神寄托，被视为“美国梦”的一部分（图 4-29）。至今，拥有约百年历史的 66 号公路的原始道路已经基本废置，但沿途大部分路线已配有便捷贯通的新建公路，公路沿线上有数百个景点和老店，由专业人士组成的

图 4-26　阿联酋国家汽车博物馆

图 4-27　法拉利世界

① Travel Route 66 in the comfort of our minibus. https：//www.ridingroute66.us/route-66-travel-in-the-comfort-of-our-minibus。

图 4-28 阿布扎比亚斯湾赛道与法拉利世界

图 4-29 66 号公路路标

图 4-30 66 号公路沿线的装置艺术

团队，致力于保护和修复这个美国文化标志及其先驱性的遗产。借助历史的影响力，66 号公路已经成为具有鲜明主题的文化之路，吸引着旅行者、冒险家、文艺爱好者的探索和朝圣，也沉淀为一个文化符号带动了周边地区的旅游、服务、文化、艺术等相关产业的发展（图 4-30）。

日本依托发达的动漫产业，发展了个性化、体验式的“动漫旅游”，“圣城巡礼”属于动漫旅游的一类形式①，意在动漫作品的爱好者前往动画作品的外景地、或作品及作

① 蔡礼彬，薛勋月. 圣地巡礼旅游的后现代主义真实剖析——以日本仙台市为例 [J]. 旅游论坛，2020，13(03)：90-102。

图 4-31 日本榛名山

者相关的地区观光游览的行为[①]。例如，仍然活跃在流行文化语境的“秋名山车神”源于日本人气漫画《头文字 D》，主人公藤原拓海被称为“秋名山车神”，作为秋名山原型的榛名山属于日本群马县的上毛三山（图 4-31），日本著名漂移车手土屋圭市曾在此以 3 分钟完成 30 个弯道的山道飙车，《头文字 D》正是以土屋圭市为原型而创作的漫画和电影作品。动漫的成功推广使一系列广受欢迎的形象与意象依托文艺作品而形成，其衍生商业价值进一步得到人们的关注。《头文字 D》的爱好者们自发地前往榛名山以及情节主要发生地旅游，并通过网络上传相关图片文字，形成在粉丝群体中的信息共享[②]。这样的动漫“圣城巡礼”现象，促进了相关地域、作品受众群（粉丝）以及动漫作品创作者之间的有机互动（图 4-32）[③]，能够为从文化或文化产业发展而来的汽车运动休闲特色小镇带来有益的参考与启发。

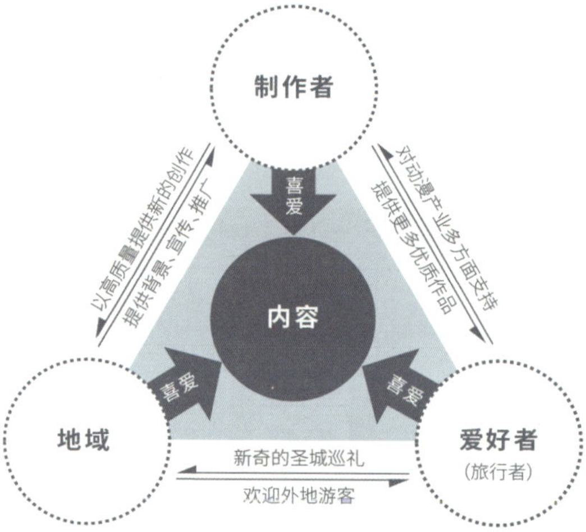

图 4-32 山村高淑提出的三角模型（作者译制）

① TUNG V W S，LEES，HUNDSON S. The potential of anime for destination marketing： fantasies，otaku，and the kidult segment [J]. Current issues in tourism，2017：1-14。

② 何超斌 . 日本“FC 型”动画圣地巡礼现象中的关系性分析 [W]. 中国高校人文社会科学信息网，www.sinoss.net/show.php?contentid=76768. 2020.09.07。

③ 山村高淑 . アニメ・マンガで地域振興は可能か？：各地の試みから見たコンテンツツーリズムの可能性と課題 [R]. 日本サブカルチャー研究の世界的展開：学術的深化と戦略的な成果発信 . サブカルチャー研究会講義 . 2011。

图 4-33 布雷西亚

类似的案例还有与漂移主题影视作品密切关联的日本东京，《速度与激情》系列电影的主要取景地迈阿密、洛杉矶等。除以汽车文化相关文艺作品衍生作为发展基础的小镇之外，意大利埃斯特庄园、匈牙利布达佩斯、意大利布雷西亚（图 4-33）等以汽车相关文化活动而闻名的案例同样值得关注，且因为具备文化旅游的性质，这类案例与 4.3 节中所提及的人文旅游概念有一定的重合。

4.5 小结

汽车运动休闲特色小镇根据发展基础与区域特点不同，对应不同的发展路径。分别为从汽车运动基础、汽车产业基础、汽车休闲基础和其他产业基础发展的汽车运动休闲特色小镇。

从汽车运动发展而来的汽车运动休闲特色小镇，培育基础划分为赛事文化与全民体验两种类型。其中，以赛事文化特色为起点的小镇具有知名赛事概念引领、不可复制性、业态形式发育及影响范围扩张与小镇生长周期契合等特点；以全民体验特色为起点的发展路径则具有停留时间延长、刺激消费、体验形式灵活多元和用户黏度高等特点。在发展思路上，政府主管部门可适当引导，通过品牌无形价值的吸引、市场力量介入、各方资本参与，进一步以小镇为发展单元制订相应的城乡发展规划和产业发展规划。全民体验特色与知名赛事特色可以是互为补充、互为增益的关系，高等级的专业赛车场可以更迭换代和向下兼容，用于全民体验。

从汽车产业发展而来的汽车运动休闲特色小镇，具备产业与小镇双向助益、发展内生力强、促进产业转型升级和客群提质等特点，以自身产业的内聚力及推动作用适时引入汽车运动、休闲和文化，在提高当地发展水平的同时吸引主题性旅游客群，发挥扩散效应，形成特色小镇（图 4-34）。这类小镇拥有优越的发展基础，但同时需要谨防产业结构单一化带来的风险，加强顶层设计的指导作用。

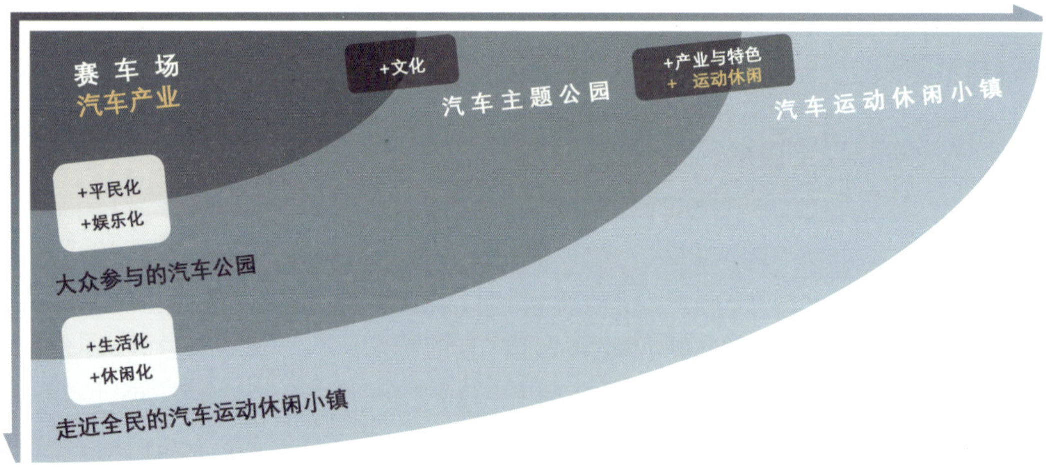

图 4-34　汽车运动休闲特色小镇发展思路

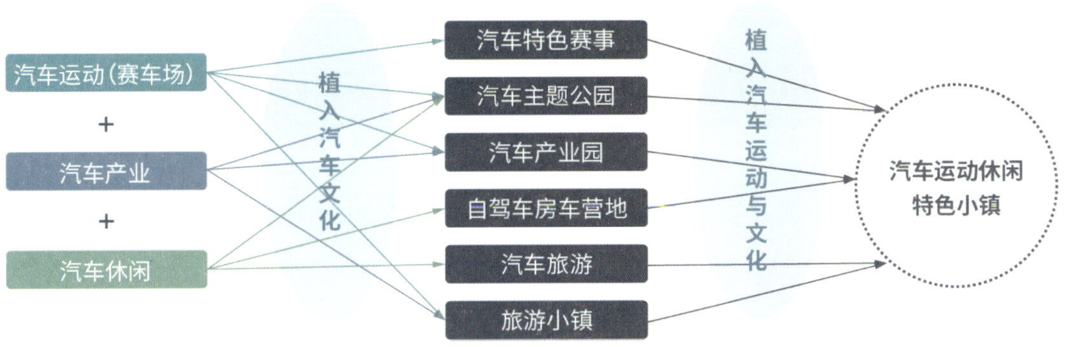

图 4-35　汽车运动休闲特色小镇的三种发展路径

从汽车休闲发展而来的汽车运动休闲特色小镇，通常具备丰富的旅游资源、完善的配套服务、个性的文化底蕴、发达的道路交通，以自驾旅游胜地作为基础，具备人文与自然的双重旅游资源，相关产业在汽车休闲的带动下兴起，形成以汽车自驾游为核心、以生态宜居和多产业协同发展为面貌的旅游主题特色小镇（图 4-35）。

除上述几种发展基础外，工业发展基础、文化与文化产业发展基础和成熟市场基础也具备发育为汽车运动休闲特色小镇的潜质，此类小镇通常具备特色元素鲜明且不可复制、体育休闲业态及文化产业丰富多元等特点，在发展过程中应注重宏观与微观层面的融合，将文学艺术视角转变为广义的文化的视角，发掘内在逻辑，将文化概念具象化，以实地项目增强体验性。

认识小镇的发展路径及其对应的特征、发展思路与典型样本，在小镇培育阶段能够更好地对可依凭的优势资源和发展基础进行集中统筹，为进一步开展顶层设计提供切实科学的理论依据（图 4-36）。

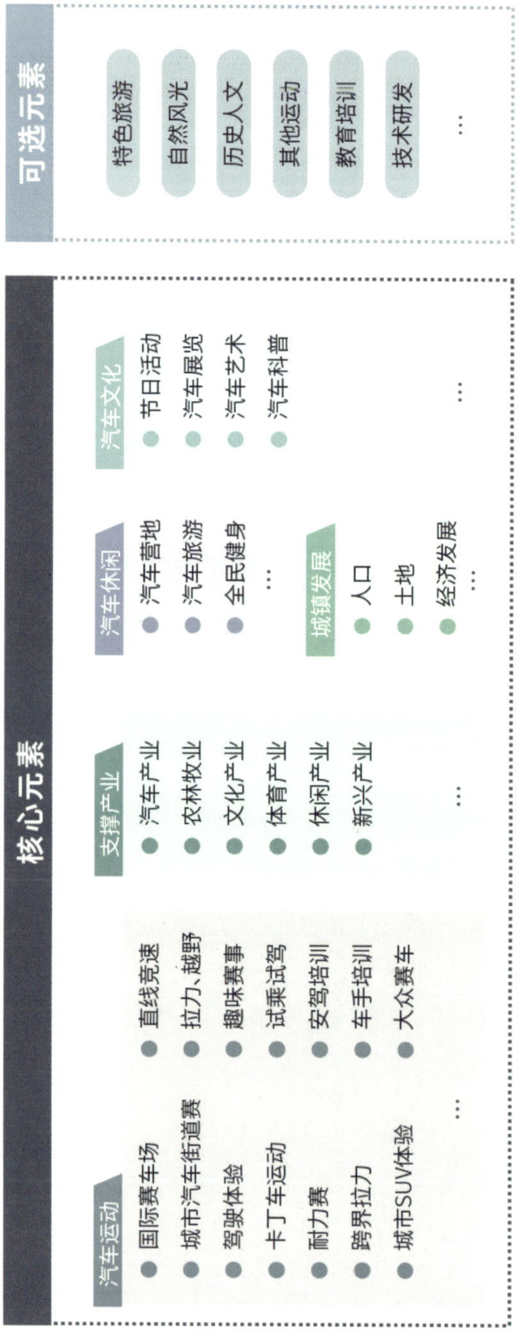

图 4-36 汽车运动休闲特色小镇的发展元素

5 顶层设计

对城市项目中复杂性的认知，要求我们引入不同的能动者，包括公共部门、私营机构以及社团组织和文化机构。只有通过这些主体的积极参与，城市项目才能起到所追求的对经济和社会的振兴作用。

——【英】爱德华·罗宾斯/鲁道夫·埃尔·库利《塑造城市》

汽车运动休闲特色小镇的培育应策划与规划先行，兼顾前瞻性和协调性，采用精细编制的方式，以实际可落地为前提。本章将从多学科理论出发，逐步介绍小镇策划时期的资源整合方式与选址方法、方案比选时期的功能划分以及制定规划时期的设计理念。

5.1 顶层设计理念

5.1.1 统筹协同

为了实现健康高效的发展，特色小镇须正确处理政府、市场和社会三大主体之间的关系，遵循政府引导、企业主体、市场化运作的创建模式，围绕体育、汽车相关产业发展和城镇功能提升两个方面促进镇企互利共赢。政府自身应推动整体性治理，整合内部机构与职能，以制度化促进各部门间沟通协调。相关主管部门则应在与市场及社会的关系中，担任规划引导和协调斡旋的角色，为企业成长创造平台。对于汽车运动休闲小镇而言，体育产业工作协调至关重要，政府与企业建立有效的沟通机制，及时掌握体育市场和汽车使用人群的需求和动向，同时发挥体育事业的社会服务性优势、汽车产业的强延伸性优势和旅游产业的广泛性优势，完善产业结构与合作机制，提升公共服务水平，全面跟进管理监督机制。

特色小镇不完全等同于建制镇、工业园区或景区，而是以集中的发展单元作为管理对象，因此行政机制灵活，不能沿用传统的科层治理模式。汽车运动休闲小镇在规划初期，就须成立相应的小镇管理委员会，由多部门协调配合，并鼓励切身利益相关的公民、企业积极介入公共决策，共同参与规划制定和政策制定。

在特色小镇的发育、发展过程中，政府起到导向作用，为参与小镇创建的地区和企业优先给予政策方面的各项支持，为其创新发展留有充足空间；政策性银行以多元化产品为小镇建设项目提供融资服务；汽摩运动、汽车工业等行业协会给予专业指导和资源对接。通过调动各方协调配合，充分发挥小镇的试验性和灵活性优势，以促进小镇的协调和可持续发展。

以日本铃鹿市为例，铃鹿国际赛道是世界一级方程式锦标赛（F1）日本大奖赛的举办地，日本在 2004 年 12 月首次提出了“赛车都市”的理念，支援市民级赛车运动。当地政府响应日本地域振兴政策，秉持“地域经济活性化”（Local Revitalization）的理念和方法，于 2006 年 F1 日本大奖赛时，集合来自日本三重县及周边 4 市 1 町（津市，四日市市，桑名市，龟山市，菰野町）有关旅游、经济、交通的 32 个团体，组成了“铃鹿 F1 日本大奖赛地区活性化协议会”[①]（图 5-1）。该组织作为地域经济活性化支援机构（Regional Economy Vitalization Corporation），整合和对接已有的顶级赛事资源，调整和统筹最新规划，政府在体制机制上给予扶持，为铃鹿市开发以 F1 和汽车文化为主题的一系列旅游产品提供了生长与创新空间。

图 5-1　2020 年 1 月 14 日，铃鹿 F1 日本大奖赛地区活性化协议会第 28 次会议

5.1.2　资源整合

资源整合的概念来自经济管理，是系统论的思维方式，指的是通过组织和协调，优化资源配置以获得整体的最优效果。应用于特色小镇培养的常见资源整合方式有产业资源整合与信息资源共享两种，具体策略为勘察必备资源，发掘优势资源，引导资源集聚、整合与升级等。

（1）产业资源整合

特色小镇产业的培育过程需要有产业链条的意识，以当地的优势特色为原点，通过对资源的整合与共享，通过建立业态关联、延展多元业态、补足产业短板、引入新要素等方式拓宽发展平台，提高产业化综合实力。

（2）信息资源共享

政府可以利用所掌握的大量信息资源，完善社会治理，促进政府自身建设[②]，同时为小镇的发展提供前瞻性的视口，优化城市治理和城市之间的跨区域协作及信息资源共享的先进管理模式[③]，使用大数据实现实时沟通与动态调整，提高公共服务能力与旅游产品的体验。

意大利作为汽车工业、文化与运动强国，其官方和非营利性协会团体对汽车文化极为重视，并以汽车为主题性旅游的发展点，制定“国家汽车旅游计划”，以在意大利汽车及相关产业占据重要地位的关键城镇为节点，提出了“国家汽车城网络”的概念，实现旅游资源的整合和多方联动。“速度圣殿”蒙扎、法拉利总部所在地马拉内罗、汽车运动圣地博洛尼亚等城镇都参与了这一计划[④]。这样的旅游概念将一系列地区作为主题旅游产品进

① 鈴鹿 F1 日本グランプリ地域活性化協議会，http：//suzuka21.com/。
② 刘振峰，覃娜娜．大数据时代政府部门间信息资源共享策略研究 [J]. 电子技术与软件工程，2016（12）：200。
③ 宋丽鹤，葛燕．大数据时代政府部门间信息资源共享策略探讨 [J]. 通讯世界，2019，26（2）：111-112。
④ 意大利线上汽车博物馆，www.motorwebmuseum.it。

图 5-2　意大利为汽车旅游城市制作的创意插画作品

行打包推广，形成一条贯穿意大利全国的精品特色旅游线路，最大限度地挖掘联动价值，为文化旅游的开发提供了新启示与新思路。图 5-2 为意大利为汽车旅游城市制作的创意插画作品。

5.1.3　动态活性发展

在顶层设计中小镇的活性发展，包括了决策、规划设计、开发运行等多个环节。

特色小镇的核心动力在于产业。但由于小镇同时应具备居住功能，大部分特色小镇需要配建一定住宅。特色小镇从培育初期就面临着如何权衡产业培育和地产开发方面的投入关系问题。从运营者的角度出发，借助特色小镇的品牌能够通过地产开发运作获得及时快速的成本回收，从而实现培育产业的投资取向收益更快、商业价值提升幅度更大；从开发商的角度出发，在当前土地资源稀缺的环境下，以特色小镇为由的地产开发项目更易于获得土地指标，抢占市场先机。因而，一批开发商主导、以发展房地产为基本思路的特色小镇随之出现，引发“房地产化”问题。通常这类小镇有以下几个特征。

（1）将重点放在满足居住需求方面，开发大面积连片住宅项目，忽略作为特色和内生力的产业培育和产城融合等小镇培育的关键条件，导致规划割裂、单一业态明显、缺乏生长空间。

（2）运营方开发偏向基于银行债券体系的快周转，根本上漠视原有禀赋资源，多数为规划区块割裂的粗放型开发，并破坏生态。

特色小镇固然可以发展房地产，但急于使资本流入，忽略了特色小镇的培育需要周期，发改委明令禁止特色小镇房地产化，正是否定这一思路的直接体现。房地产化的本质是自治理能力的缺失，为了避免房地产化，应当严格控制地产项目，进行保护性、继承性开发，最大化衔接和利用已有运动休闲资源，形成有序的配套服务设施网络；重视产业带动力问题，提倡“以城促产”与“产业兴城”；保持活性滚动开发，促进日常经营的业态多元化。

科学的风险控制和战略部署也可起到一定积极作用。由于特色小镇建设普遍存在周期长、个体特殊性强的特征，不仅在前期阶段对财政和资金的需求较大，而且由于投资与收益之间的时间差较大，不确定因素多、周转缓慢、投入压力大，降低了整体资产运作的效率，因而初始阶段应当注重风险控制；缓慢的转型意味着企业需要更多的资源用于投资，因此，在特色小镇的建设和运营过程中，企业应有意识地提高融资效率，扩大和完善资金来源，注重资产的整体运营和管理，提高资产运营效率。

5.2 规划与培育

5.2.1 规模与选址

确定特色小镇的规模和选址是多要素的系统性决策。具体操作时可根据客观条件划定初步意向范围，针对需要选址决策的对象，建立汽车运动休闲特色小镇选址五维的评价模型，指标如下。

（1）产业特色

对于产业特色的评估是汽车运动休闲特色小镇选址的首要环节。创建者需要评估主导产业是否具备发展基础，产业结构是否合理，该产业是否为区域的支柱产业、规划中的重点发展产业；该产业在区域范围的发展优势和特点，是否在全国甚至全球具备影响力；产业是否具备成长性和外延性，是否属于或关联战略新兴产业；产业是否能够带动消费市场、促进就业、助力扶贫，等等。

（2）决策管理

在政府层面，根据地方政府的财政、政策支持力度，判断是否具备有力的扶持优惠条件，合理的准入、监测、评估机制和科学的顶层设计；在市场层面，基于企业的自身优势和发展方向形成初步意向，进行市场调研与项目考察，在资金财力、开发流程、营销推广等相关方面进行综合论证，指定可行性方案，最终做出投资开发决策。

（3）文化认同

对小镇外的潜在客群而言，鲜明的文化主题能够促进文化景观符号化的过程，影响旅游者对目的地的“前理解”[①]。因此，文化作为小镇的“内核”，需要注重文化标识、文化意象的重新塑造；对小镇本身而言，小镇居民需要在历史文化和人文特色方面的共鸣，适宜本土的文化才能够赋予小镇人群以认同感、独特气质和内在灵魂[②③]。

（4）资源潜力

资源潜力的评估，需要结合5.1节中顶层设计的导向，进一步评估以空间地理位置划分的资源基础，劳动力资源是否充足，结构是否合理；当地及周边地区的人均可支配收入和体育娱乐消费占比，是否具备潜在客源市场；评估其生态环境基础、旅游资源和相应潜力。同时，还须考虑该资源是否便于区域内的调度，是否具备一定的整体性和持续性。

（5）城镇化程度

汽车运动休闲特色小镇需要与大城市保持一定的关联度，实际确定区位的过程中，往往面临“市郊镇”与“市中镇”的选择，以及“园中镇”“镇中镇”等多种形式。对特色小镇，市郊镇的优势体现在城乡融合发展的重要载体，而前提条件是城乡要素实现双向流动和充分融合；市中镇则享有开放的平台、广阔的市场和便捷的交通，消费需求能够支撑多层面的个性化旅游产品。

汽车运动休闲特色小镇的边界不依据建制镇范围，其具体规模由产业预期带动与辐射的范围决定，在划定的特色小镇镇域中，需要关联度强，相对自给自足且能够形成聚合效应。特色小镇在培养初期应划定核心区作为产业聚集的中心，并担负功能中心的作用。核心区的面积一般为1~3平方千米，其中业态的互相作用活跃，其辐射能力根据影响程度的不同可规划为特色小镇范围与未来辐射范围。

---

① 路幸福，陆林．基于旅游者凝视的后发型旅游地文化认同与文化再现 [J]. 人文地理，2014，29（6）：117-124。
② V IDICH A J，BENSMAN J. Small Town in Mass Society，Class，Power and Religion in a Rural Community. New Jersey：Princeton University Press，1968。
③ 周晓虹．城市文化与城市性格的历炼与再造：全球化背景下的本土关怀 [J]. 浙江学刊，2004，4（4）：138。

5.2.2 功能划分

特色小镇的功能区块设计区别于传统建设项目，注重多功能的混合和交织。汽车运动休闲特色小镇应尽量在原有资源的基础上，通过少而精的建设与改造项目，增加功能内在逻辑关联，形成系统有机的整体。

（1）汽车及相关产业

汽车及相关产业可作为特色小镇的优势产业，在小镇中起到主导产业布局的作用。既可包括汽车产业中的传统业态，如汽车装备制造业、汽车组装、汽车改装维修、整车销售、汽车物流、二手车交易等，此外，汽车智能制造、智能网联汽车、智能物流运输、无人驾驶汽车、可替代能源等汽车相关业态可作为未来重点培育的相关新兴产业。规划建设时应从细节上增强科技感，如厂区和零部件生产可规划设计参观窗口、展示厂房样本间，以工业旅游为宣传聚焦，开展深度研学活动等。

（2）运动休闲

在汽车运动休闲特色小镇中，汽车运动和休闲应当在地理空间和文化空间层面占据重要位置，结合地区特点，新建、改造或盘活专业赛车场和街道赛道，以多种汽车运动形式丰富内涵，如摩托车运动、卡丁车、跨界拉力、越野、直线竞速等，也可划出部分赛道增加常规性向游客开放的赛道参观、驾驶体验等项目。

在形成专业性和独特性的基础上，可经营业态应进一步向大众参与的更广范围拓展，丰富汽车休闲与体验。如打造向全年龄段人群开放的私家车驾驶体验项目及适合亲子家庭共同参与的主题乐园等娱乐休闲项目，拓展面向多种未来受众结构的科普与研学，培育形成人才梯队的培训项目等。

（3）全域旅游

汽车运动休闲特色小镇的旅游主客群通常遵循车行尺度，因而引入全域旅游概念有利于整体环境的打造。首先，应强调特色，在规划、建设和运营宣传中突出本身文化品牌形象，关注小镇空间景观风貌的特色塑造，如建立主题鲜明、美观实用的引导系统，借助文学影视创作的影响力等，逐步树立文化旅游品牌；其次，注重当地文化的保护和传承，增强当地居民的参与感、认同感和归属感，优化人居环境，提升小镇的宜居性，增加空间活力度，突出小镇的地缘性特色；再次，在发展旅游的同时，注重相关衍生业态的培育，将从节假日高峰到平日休闲的旅游产品体系持续补充完整，重视全域旅游发展的可持续性；最后，完善交通基础设施和公共服务建设，优化精品旅游线路的配套服务，布设卫星营地、中小型营地和目的地型自驾车营地，形成健全完善的自驾车运动休闲营地网络。

5.2.3 核心区域规划

汽车运动休闲特色小镇依据建设程度可划分为建成区域和待建区域，根据辐射关系可分为核心区域和整体镇域，核心区域的功能组织以增强地区活力为根本出发点，强调多重功能的混合性开发。在特色小镇培育初期，应研究拟作为核心区域的空间结构特质和活力点分布，就如何体现功能、文化和地理空间上的中心性，挖掘和提炼特色，重视文化地域差异，放宽规划格局视角，关注个体使用需求，在原真性、风貌性、创新性保护开发方式的共同参与下进行原有相关产业的结构升级与优化，形成产城人文综合概念的镇域空间。

5.3 开发与运行

5.3.1 开发模式

汽车运动休闲特色小镇应当秉持“分步开发，远近结合”的原则，既要在远期形成全面系统的合理布局，也要在近期保证稳定可靠的有机运转。以市场和消费者需求作为导向，开发具有鲜明主题特色的核心旅游产品。

小镇培育需要资本的投入，市场应当在资源配置中起决定作用，政府应对特色小镇建设项目进行充分的前期调研和风险评估，力求信息公开透明，根据项目的盈利性和资金需求量不同，为社会资本的引入提供便捷的平台和窗口。甄别资本市场的投机行为，保证运动休闲特色小镇的有效投资，创新融资途径，拓宽融资群体，多元化融资渠道，以降低或规避融资风险。

在小镇开发主题方面，小镇的开发需政府引导、企业主体和市场化运作，政府统筹考虑区域综合布局，各相关部门联合推进公共服务体系建设，保证公共服务的数量和质量，并在资金上和执行上给予信用保证，不同企业负责提供从规划、投融资、建设和运营的全链条中的单个或者多个服务的生产。自2015年后，随着国家对特色小镇、特色小城镇的重视，这一概念受到社会资本的青睐，同样成为众多国内地产企业转型发展的方向。

5.3.2 融资方式

在融资途径方面，特色小镇需要多元化融资渠道以分担风险，包括但不限于银行贷款、融资租赁、基金募集、债券融资等方式。鼓励和吸引社会资本参与特色小镇的投资建设，有助于撬动社会资本，充分发挥市场经济在特色小镇培育过程中的资源配置作用。具体措施重点介绍以下三种方式。

（1）专项基金融资方式

专项基金是一类创新融资渠道，根据发起单位和方式的不同，又可以划分为产业投资基金（企业发起）、政府引导基金（政府发起）和金融主导基金（银行金融机构发起）[①]，通常由发起方承担主要风险。产业投资基金具有较强的产业政策导向性，在申请和规模方面降低了门槛，与特色小镇的培育机制特点相契合，因而能够满足特色小镇的融资需求[②]。特色小镇的政策性专用拨款可作为专项基金的来源，同时各类利息收入也可划入专项基金，从而成为推动特色小镇可持续发展的可靠保障。

（2）资产证券化融资方式

资产证券化（Asset-Backed Securitization，ABS）是指以缺乏流动性，但具有未来稳定现金流的财产或财产权作为基础财产通过结构化金融技术，将其转变为可以在资本市场上流通与转变的证券[③]，以达到筹资的目的。特色小镇运用资产证券化的融资模式，不仅能够利用前期需投资的资金获得一定的收益回报，还能够扩大小镇在经济市场中的曝光率。但是资产证券化这一融资模式可能存在资产权属问题，由于特色小镇中具有大量的基础设施，其权属不能合理划分，存在一定的法律障碍。

（3）政府和社会资本合作模式

政府和社会资本合作（Public-Private Partnership，PPP）模式是指政府与社会资本签订合约，以相互协作和风险共担的模式，完成基础设施和公共服务建设[④]（图5-3）。通过使用者付费或政府付费，社会资本可获得预期范围内的合理投资报酬，政府则能够集中社会力量获取高质量的基础设施和优质的公共服务[⑤]，最终实现社会公共利益最大化和各方的互利共赢。

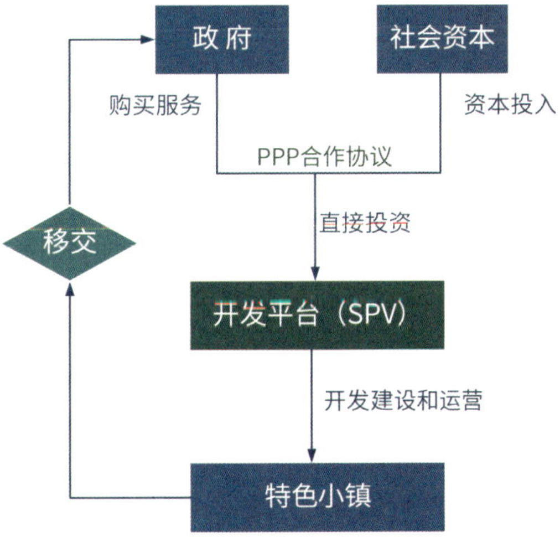

图 5-3　特色小镇政府和社会资本合作（PPP）模式[⑥]

PPP 模式是民间资本参与基础设施项目建设的重要方式，将建设和运营管理通

① 杨云灿，张友琴．论江苏省特色小镇的融资模式 [J]. 中国商论，2019（17）：45-46。
② 罗世美，黄秋玉，李阳，等．浅析特色小镇投融资体制 [J]. 中国集体经济，2019（7）：110-112。
③ 林华．PPP 与资产证券化 [M]. 北京：中信出版社，2016：157。
④ 中华人民共和国财政部，关于推广运用政府和社会资本合作模式有关问题的通知。
⑤ GRIMSEY D，LEWIS M K. Public Private Partnerships：The Worldwide Revolution in Infrastructure Provision and Project Finance [M]. Cheltenham：Edward Elgar Publishing，2004：271-274。
⑥ SPV，全称 Special Purpose Vehicle，意为特殊目的实体——作者注。

过充分竞争引入社会资本的参与，能够缓解政府短期财政压力；发动社会力量，利用专业的先进技术和管理经验，提高项目运营管理的效率，从而增强项目尤其是其中公共基础设施运营维护的质量；政府与社会资本也能够在风险管控方面发挥相应的优势，从而最大程度地优化资源配置。

在特色小镇的培育过程中引入 PPP 模式能够促进政府职能从单一的管理者到合作者、监督者的转变，拓宽了融资渠道，在一定程度上解决了独立完成特色小镇建设运营所面临的资金困境；对于具备更高资金筹措实力和运营管理水平的社会资本方，能够实现利益共享和风险共担；最终为改善特色小镇所在地的生产、生活环境并提升生活水平提供强有力的支持，实现良好的社会效益，助力国家新型城镇化建设。特色小镇中的 PPP 模式可应用于建设区域内整体项目的策划，相关大型工程的建设投资，产业的策划、招商、投资、运营流程及产业资源的整合与延展，特色小镇的公共服务项目运营等方面，相应的盈利模式将在 5.3.3 节中详细介绍。

5.3.3 盈利分析

特色小镇的运营模式明显区别于传统的地产开发商从拿地开发到销售运营的单一化模式，拥有受政策影响明显、以产业发展为主导、投资回报期较长、盈利形式复杂多样、运行过程动态可调整等特点。根据汽车运动休闲特色小镇的定义、特点与内容，其收益可分为产业收益、建设工程收益和升值收益三方面。

（1）产业收益

产业收益包括了项目运营受益，如入园企业抽成、商户租金以及经营性物业的营业收入与产权物业销售收入等带来的收益。依据产业分类，汽车运动休闲特色小镇带来的产业收益主要有汽车产业收益、旅游业收益、体育产业收益、休闲产业收益、康养产业收益等。

旅游业收益包括了旅游过程中必须为旅游产品、服务和交通而支出的基本旅游收益，也包括了具备一定弹性的因旅游购物、教育培训、休闲娱乐等项目支出的非基本旅游收益。同时，特色小镇的培育延展了体验性旅游的内涵，有助于全域旅游的推动和实现。

体育产业收益包括了体育相关活动带来的直接或间接收益，如赛事运营（含赛事策划、赛事宣传、赛事组织、赛事营销、运动员服务、教育培训、场馆运营、体育传媒）与赞助，赛事衍生包括体育明星运营、体育综艺节目、体育主题影视作品、体育博彩、体育电子竞技、体育电商等；间接收益关系到体育活动对地区经济社会文化层面的影响，随着市场参与主体的商业模式进一步推进，体育产业收益的重要性将在小镇顶层设计层面得到更多的关注。

休闲的内涵进一步扩充到娱乐休闲涉及的消费活动，没有明确的产业边界，以满足人们的休闲娱乐需求为核心，不断与其他要素融合发展，从而扩大产品和服务的范围[①]，向外辐射，因而休闲产业收益也是值得关注的方面。休闲产业经济价值的体现与社会经济的发展水平密切相关，与体育和旅游存在密不可分的联系，休闲相关的文化产业、娱乐产业、创意产业的经济价值也日益凸显。

（2）建设工程收益

建设工程收益主要指特色小镇培育期间的基础设施建设，运行维护期间的动态更新等工程建设所带来的收益，特色小镇的建设还会带动周边地区公共服务的需求增加，带来更多的规划建设项目。建设工程收益是特色小镇的开发基础[②]。

（3）升值收益

升值收益包括地产开发收益和建设带来的区域地块价值升级的收益，房产收益是二级开发，主要通过地产销售和自持物业经营获利。相对小镇在运行期间的收益而言，房地产开发具备较快的周转率，因而在特色小镇相关项目的顶层设计中，应注重合理配比地产开发用地和产业用地以平衡产业开发的长期支出。区域地块的升级为当地经济社会的长期收益，产业发展使得小镇具备辐射能力，可以带动整体区域的价值提升。

5.4 典型问题及解决方案

5.4.1 用地问题

土地是推动特色小镇健康发育所必需的关键要素，作为重要的生产资料，起到对小镇内容的承载功能，也是可持续发展的必然支撑。当小镇建设用地存在土地性质或用地指标问题时，可能严重影响小镇在顶层设计环节的资源最优化配置，从而严重阻碍产业结构体系的升级和公共服务完善的进程。

（1）层级衔接

在特色小镇的用地性质分类方面，规划新增的用地需求集中在商业服务设施用地与工业用地两处，其中工业用地又可区分出工业研发用地以及工业生活设施用地[③④]，在规划过程中需要关注城市、镇与村庄三级用地分类的层级关系，尤其在特色小镇的顶层设计中，可能出现将城市功能植入村镇的现象，此时应充分注重与土地利用规划等相关部门的规划衔接和相应调整。

① 李丽梅. 中国休闲产业发展评价、结构与效率研究 [D]. 上海：华东师范大学，2018。
② 陈俐婷. 特色小镇运营盈利模式研究 [D]. 杭州：杭州电子科技大学，2018。
③ 赵健，李佳洁. 面向规划实践适应发展需求——镇用地分类的编制思路探讨 [J]. 小城镇建设，2016（7）.86–91。
④ 张亚丽，黄珺嫦，蔡运龙，等. 基于规划协调的乡镇土地利用统一分类研究 [J]. 地域研究与开发，2011（5）.150–155。

（2）长期持续

本书第 3 章中对特色小镇相关的规划设计理论有所介绍，其中精明增长理论细化到特色小镇的土地利用层面，需要对存量土地再开发以促进土地的集约化利用，并鼓励土地混合使用促进功能集聚。学界将生命周期理论用于土地管理的相关学术研究理论成果①，也可对特色小镇的土地管理和相关政策制定产生一定的启发，系统制定全面的土地政策，避免短期化与零散化带来的管理混乱。

（3）资源整合

针对可能遇到的特色小镇建设项目用地不足等问题，可结合以下用地方案解决：直接使用存量国有建设用地，但可能受指标限制；圈内农用地办理转用、征收手续后依法提供给具体项目，自由度相对较高；使用集体建设用地；使用国有、集体未利用地；以及结合土地整治、村庄整治安排用地，等等。

建议在培育特色小镇的顶层设计前期，至当地的自然资源和规划局详细咨询可参考的相关土地政策，保持信息的通畅与更新，积极探索城乡用地增减挂钩和集体土地流转和租赁，整合各方资源，合理安排用地。

5.4.2 创建程序

特色小镇、特色小城镇实行创建达标机制，区别于一次性命名制。申请特色小镇创建的流程一般分为以下环节：当地相关部门明确要求与标准，综合各方面所需材料，包括基本信息表、建设工作情况、镇总体规划、省市县政策支持文件和其他相关辅助材料；递交上述材料后，根据相关评选机制，待考核单位需要参加主管部门组织的答辩，符合条件的被列入特色小镇和特色小城镇创建名单；主管部门创建名单中的小镇和小城镇持续开展评估督导和优胜劣汰，适时提出建议以整改，对典型案例予以推广。

特色小镇和特色小城镇的创建达标机制对考核和评估环节提出了更为严格的要求。一方面，政府相关部门需要科学设计，建立短期优惠政策与长期政策扶持相结合的机制，在特色小镇培育初期，给予用地指标倾斜、财政奖补、贷款贴息和税收返还等激励，同时要建立健全准入机制，谨防为投机者利用；出台长期的产业扶持政策，完善动态评估指标，对特色小镇的建设发展情况予以监测和考核。

另一方面，针对特色小镇在前期申报过程中可能出现的不合理现象，应当对特色小镇的培育给予一定的容错率，因此也需要制定退出机制。在完善前期考核的基础上，对规划、设计、选址不达标的小镇和自然地理不适合的特色小镇进行有计划的清退。特别是在特色

① 金梦薇．特色小镇土地政策研究 [D]. 浙江：浙江大学，2018。

小镇建设过多过滥、重复建设严重的地区，及时停止不合理建设项目、暂缓特色小镇的培育进程能够为国家与社会节约成本。

5.4.3 生态问题

国家发改委 2016 年 10 月发布《关于加快美丽特色小（城）镇建设的指导意见》（发改规划〔2016〕2125 号），提出特色小镇与特色小城镇应以人为本，“围绕人的城镇化，统筹生产、生活、生态空间布局，完善城镇功能，补齐城镇基础设施、公共服务、生态环境短板”特色小镇的发展应当保护原有生态肌理，打造形成符合人民日益增长的优美生态环境需要的镇域生活空间。

我国特色小镇的发展强调特色产业，部分地区自身基础薄弱，可能盲目追求产业优势的提升而过度开发，从而忽略生态环境的破坏和公共服务的同步提质，针对此类小镇，更应注重精细化、优质化的发展路径，提升城市品质，增强自身对产业与人口的集聚作用。

适宜汽车运动休闲特色小镇发展的小城镇或大城市郊区通常具备良好的生态本底条件，在开发过程中应充分关注可持续发展理念指导下的生态保护，倡导生态与生活和谐共存的理念[①]。可采取分步开发、自然生长的发展策略，注重不同产业层级的协调发展（图 5-4）。

在规划过程中尊重自然条件，因地制宜，对特色小镇立项、审核、建设等关键环节制定遵循生态保护理念、科学合理的考核评价指标，并加强动态数据监测，跟进全过程系统管理，避免出现无视自然生态的权力寻租、过度开发、滥报滥批等现象。

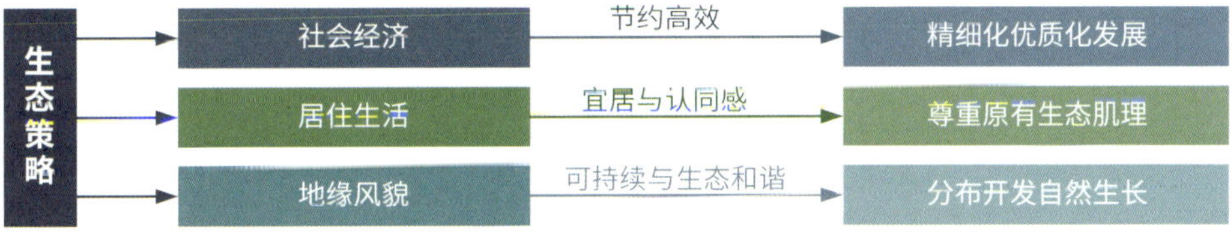

图 5-4 特色小镇生态策略示意图

5.5 小结

汽车运动休闲特色小镇须注重顶层设计，秉持统筹协同、资源整合、动态活性发展的理念。统筹协同，指的是在培育过程中，政府起到导向作用，优先给予政策方面的各项支持；政策性银行以多元化产品为小镇建设项目提供融资服务；汽摩运动、汽车工业等行业协会

① 王振坡，张安琪，王丽艳．生态宜居特色小镇：概念、内涵与评价体系 [J]. 管理学刊，2019，32（2）：45–53。

给予专业指导和资源对接。各方统筹调动、协调配合，充分发挥小镇的试验性和灵活性优势，以促进小镇的协调和可持续发展。资源整合，指的是勘察必备资源，发掘优势资源，引导资源集聚、整合与升级等策略，优化产业资源和信息资源配置以获得整体的最优效果。动态活性发展，指的是在决策、规划设计、开发运行等多个环节中，权衡产业培育和地产开发方面的投入关系，保持活性滚动开发，避免房地产化，最大化地衔接和利用已有运动休闲资源，形成有序的配套服务设施网络，推进"以城促产"与"产业兴城"，促进日常经营的业态多元化，有效利用科学的风险控制和战略部署。

建立汽车运动休闲特色小镇选址五维的评价模型，包含产业特色、决策管理、文化认同、资源潜力和城镇化程度五个方面，其边界不依据建制镇范围，具体规模则由产业预期带动与辐射的范围决定。在划定的特色小镇镇域中，需要关联度强、相对自给自足且能够形成聚合效应，初期阶段应划定核心区优先建设。功能区块设置应尽量在原有资源的基础上，通过少而精的建设与改造项目，增加功能内在逻辑关联，形成系统有机的整体。汽车产业起到主导产业布局的作用，汽车运动和休闲在地理空间和文化空间层面占据重要位置，引入全域旅游概念有利于整体环境的打造。核心区规划应研究拟作为核心区域的空间结构特质和活力点分布，体现功能、文化和地理空间上的中心性。

汽车运动休闲特色小镇应当秉持"分步开发，远近结合"的原则，远期形成合理布局，近期保证稳定可靠的持续运转；开展前期调研，在信息公开透明的前提下引入社会资本，开拓多元化融资渠道，将政府引导、企业主体和市场化运作相结合，获得以产业发展为主导、盈利形式复杂多样、运行过程动态可调整的多种盈利形式。

创建中的小镇可能涉及用地问题，其发展受土地限制，体现在新增建设用地指标不足，根据现有文件政策要求无法获得充足的项目建设用地等情况。特色小镇应关注土地利用规划的层级衔接，灵活进行调整；结合精明增长理论和生命周期理论，制定系统全面、长期持续的土地政策，避免短期化与零散化带来的管理混乱。

特色小镇实行创建达标制，区别于一次性命名制，对考核和评估环节的要求更为严格，主管部门对创建项目持续开展评估督导和优胜劣汰，适时建议整改，并对典型案例予以推广，同时制定及时的退出机制，为国家与社会节约成本。

我国特色小镇的发展强调特色产业，但不可盲目追求产业优势的提升而过度开发、忽略生态环境的破坏和公共服务的同步提质，应注重精细化、优质化的发展路径，提升城市品质，增强自身对产业与人口的集聚作用。由于汽车运动休闲特色小镇发展的小城镇或大城市郊区通常具备良好的生态本底条件，更应在开发过程中注重可持续发展理念指导下的生态保护，遵循特色小镇生态宜居的内在逻辑。

6 发展模式

单一的因素解释不了不发达；单一的政策与战略也无法启动复杂的经济发展进程。对于发展问题的多种多样的解释和方案，如果在适宜的环境下，有些是有道理的，但在此之外的环境下，便会失去其全部意义。

——【美】德怀特·H. 波金斯 等《发展经济学》

本章基于学界研究成果，结合国家与地方相关指导性文件，针对汽车运动休闲特色小镇在发展维度、空间维度和时间维度三个方面，分别提出要素评估指标模型的理论构想，为类型小镇评估机制的科学设计与有效实现提供参考。

6.1 要素评估模型的研究背景

尽管当前特色小城镇与特色小镇的培育工作采用动态评估机制，有关其发展水平的指标体系、评估方法和实施细则等方面均已取得理论与实践层面的进展，但仍普遍存在许多方面的问题。首先，由于特色小（城）镇的发起方和授予方为政府，在政策的指定层面需考虑个体差异和一定的灵活性，而政策本身考虑推进的效果需要具备延续性，这导致在评估体系层面，当前沿用的顶层设计与动态变化的指导性理论架构存在脱节；其次，各地主管部门现有打分机制中由主观因素造成的误差难以控制，不同类型的评估对象对评估人员的专业性存在偏差。特性突出的“类型小镇”，如本书研究对象汽车运动休闲特色小镇，尚存在依据具体情况改动优化和细化评估的空间。

参考学界对特色小镇发展水平的指标体系与评估方法研究①②，目前学界的相关理论主要来自由企业经济理论扩大研究对象范围所延伸的核心竞争力研究。运动休闲特色小镇的要素评估指标体系应广泛而系统地将城乡规划学、地域经济学、经济地理学、生态学、公共管理以及系统科学的学科理论加以综合，通过有效的统计与分析方法，综合推理出反映发展水平的直观成果。南京师范大学徐庆颖在创新改进产业集群竞争力研究中 GEM 模型理论的基础上，提出了以“内在基础力—保障支持力—核心吸引力”为主要框架的农旅特色小镇核心竞争力综合评估指标体系③；郑州大学王跃等将波特钻石模型（Michael Porter Diamond Model）理论应用于汽车运动休闲特色小镇评估指标体系的综合分析④，均属于特色小镇指标体系相关领域具有较高代表性的探索性研究。

近年来，国家、地方已出台各种形式的《特色小镇培育阶段动态评估细则》《特色小镇评定规范》等特色小镇与特色小城镇的评价标准，标准通常从特色小镇的内涵出发，对应“产、城、人、文”等方面。2017 年年底，浙江省质量技术监督局批准发布了全国

① 吴一洲，陈前虎，郑晓虹．特色小镇发展水平指标体系与评估方法 [J]. 规划师，2016，32(7)：123-127。
② 陈良汉，周桃霞. 浙江省特色小镇规划建设统计监测指标体系和工作机制设计 [J]. 统计科学与实践，2015（11）：4-7。
③ 徐庆颖．基于 GSC 模型的农旅特色小镇核心竞争力综合评价研究 [D]. 南京：南京师范大学，2018。
④ 王跃，高梦梦，周宇，等．波特菱形理论——钻石模型对运动休闲特色小镇评估指标体系综合分析的研究 [J]. 体育世界（学术版），2019（8）：41-42，36。

首个“特色小镇”评定省级地方标准《特色小镇评定规范》（DB33/T 2089—2017），将特色小镇评估体系分为由功能“聚而合”、形态“小而美”、体制“新而活”3个一级指标构成的共性指标和由产业“特而强”、开放性创新特色工作2个一级指标构成的特性指标。2019年2月由广西住房城乡建设厅发布的《广西特色小镇培育阶段动态评估细则》（桂建村镇〔2019〕6号）将评估体系对应规划编制、建设模式、投入水平、组织实施四个静态基础维度，以及招商引资、文化挖掘、智慧化建设、小镇营销推广、项目启动情况、产业发展六个动态维度，并设有机制创新、人才建设、智力支撑、统筹推进重大项目四个加分评估考核指标。

6.2 评估指标模型的建立

复杂适应系统理论（Complexity Adaptive Systems，CAS）是指研究微观主体之间非线性的交互作用，反映由大量的按一定规则或模式进行的宏观动态系统的复杂变化，复杂适应系统理论将微观与宏观有机关联，从而解释研究对象的发展和演进机制。汽车运动休闲特色小镇作为宏观复杂系统，其演化符合复杂适应系统理论中主体与环境相互作用的相应内容，将符合小镇协同发展的初衷和目标细化为若干因素，以打分指标的形式建立动态多维度评估模型。

要素评估模型的方法流程如图6-1所示。

为了尽量扩大汽车运动休闲特色小镇的评估指标维度，本书参考了程序化扎根理论的相关学说，即认为一套在关系命题中相互联系的完善概念体系可用来解释和预测客观现象中的问题，故而对饱和状态下的资料进行概念和范畴的系统收集，分析、归纳和推导出影响研究目标的各种因素，通过不断比较、测试和验证，并对类似情境下的经验实施检验，从而进一步修改和发展理论命题①。围绕特色小镇与特色小城镇，将原始资料借助大数据研究中开放性编码方式进行概念提取，运用NVivo 11 plus等专业分析软件进行质性分析，能够得到大量具有代表性的小镇发展要素概念，再由相关专家对提炼出的概念进行比选和甄别，面向产业维度、功能维度、形态维度和制度维度四个方向，将评估指标划分别对应指标为产业要素、运动文化休闲要素、社会经济实力和发展环境。

在要素指标中，有些需要系统性地进行综合评估和感性认知，有些可通过某些选定的、代表性强的统计指标数值具体呈现。本书对无量纲指标采用综合评估的区间赋值法，对绝

① 曾国军，余构雄. 中国特色小镇创建机制研究——基于扎根理论分析，中国特色小镇研究报告（2019）[M]. 北京：社会科学文献出版社，2019：75。

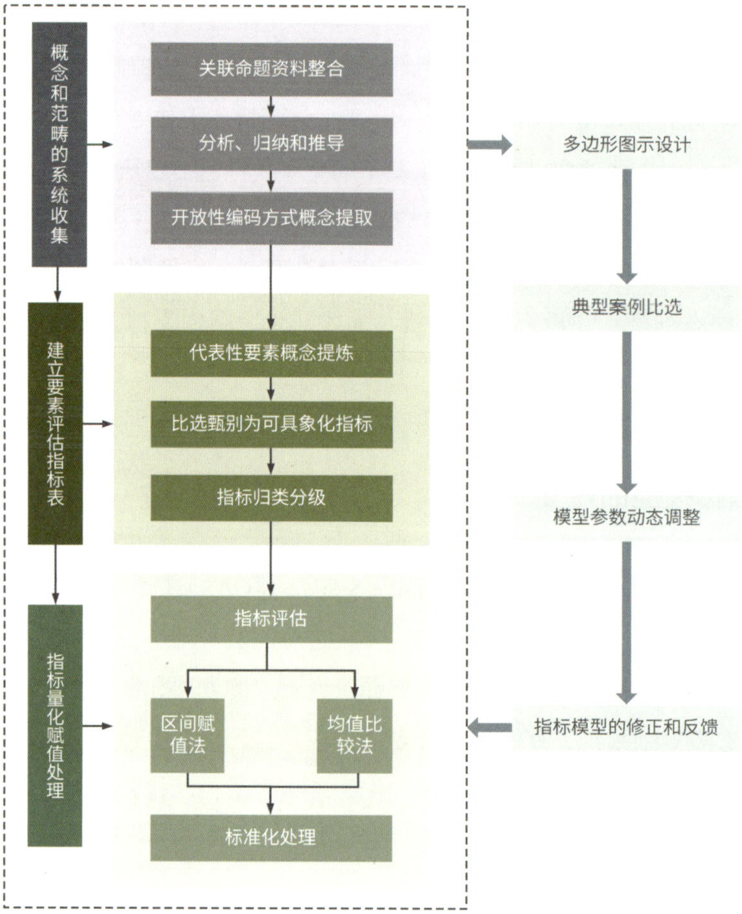

图 6-1　要素评估模型方法流程示意图

对数值则与相应指标的全国平均值进行比较，最终统一进行标准化处理，两种指标取值方法在表格中的打分方式分别写作“区间赋值”与“均值比较”（表 6-1）。

表 6-1　汽车运动休闲特色小镇的评估指标

要素类型	要素维度	要素指标	打分方式
产业要素	产业发展背景与基础	产业竞争力	区间赋值
		产业布局合理性	区间赋值
		产业结构合理性	区间赋值
		新型产业比重	均值比较
		汽车及相关产业优势	区间赋值
		产业盈利能力	均值比较
		文化产业发展基础	区间赋值

续表

要素类型	要素维度	要素指标	打分方式
产业要素	产业发展背景与基础	产业发展基础内生力	区间赋值
		产业激励政策条件	均值比较
	产业发展特点	特色产业显著性特征	区间赋值
		特色产业影响力	区间赋值
		特色产业自我造血能力	均值比较
		产业产值增长速度	均值比较
		产业影响规模优势	均值比较
		产业带动作用	均值比较
		产业高端要素集聚力与创新环境	区间赋值
	产业发展前景	战略新兴产业	区间赋值
		产业延伸能力	区间赋值
		人才培养机制	区间赋值
		产学研合作平台建设	均值比较
运动休闲文化要素	汽车运动发展基础	顶级赛事	区间赋值
		世界级知名赛事	均值比较
		洲际品牌影响力赛事	均值比较
		国家级知名赛事	均值比较
		地方性知名赛事	均值比较
		自主知识产权赛事	均值比较
		汽车运动全民参与度	区间赋值
		当地各类赛车场数量	均值比较
		人均小汽车保有量	均值比较
		当地改装车市场发展程度	区间赋值
	汽车休闲文旅	露营文化发展程度	均值比较
		自驾车旅游参与基础	均值比较
		自驾露营地建设情况	均值比较
		旅游服务完善程度	均值比较
		游客接待能力	均值比较
		旅游业产值占当地总产值比重	均值比较

续表

要素类型	要素维度	要素指标	打分方式
运动休闲文化要素	文化积淀与认同	居民文化认同	区间赋值
		历史文化积淀	区间赋值
		汽车文化培育情况	区间赋值
		地域性文旅特色	均值比较
		传统地域文化保护	均值比较
		非遗传承情况	均值比较
		时代文化特征	区间赋值
体制机制实力	公共服务能力	周边交通环境	区间赋值
		对外交通便捷度	区间赋值
		内部交通道路设施完善度	均值比较
		绿化配置完善度	均值比较
		公用设施建设水平	均值比较
		建成区中小学覆盖度	均值比较
		卫生医疗设施覆盖度	均值比较
		商业设施供给程度与服务范围	均值比较
		基础设施配置水平	均值比较
		公共服务配置水平	均值比较
		现代服务特色	区间赋值
		智能化水平	区间赋值
		人员配置合理性	区间赋值
		综合执法能力	区间赋值
		城镇社会保障制度的均等化	区间赋值
	体制机制建设	建设管理的多规协调程度	区间赋值
		专门规划管理机构设置情况	均值比较
		社会管理服务水平	区间赋值
		对小镇给予相应创新性支持	区间赋值
		遵循市场主体规律程度	区间赋值
		地方财政支持	均值比较
		建设培育周期合理性	区间赋值

续表

要素类型	要素维度	要素指标	打分方式
发展环境	发展基础	原有城镇等级	区间赋值
		城镇化水平	区间赋值
		常住人口	均值比较
		经济规模	均值比较
		旅游资源	均值比较
		地区生产总值	均值比较
		生态环境状况	区间赋值
		城市关联度	区间赋值
		2 小时车程辐射人口	均值比较
		土地资源利用情况	区间赋值
	创建条件	建设区土地规模	区间赋值
		当地特色风貌保护程度	区间赋值
		建设周期合理性	区间赋值
		未来支柱产业	区间赋值
		人口集聚能力	区间赋值
		资源整合能力	区间赋值
		专项工作机构及支持资金情况	均值比较
		互联网曝光度	均值比较
		电视报纸媒体宣传报道情况	均值比较
		顶层规划落实程度	区间赋值
	开发与消费主体	本地金融机构实力	均值比较
		开发主体资本实力	均值比较
		居民人均可支配收入	均值比较
		居民教育文化娱乐消费服务支出	均值比较
		居民受教育程度	均值比较
		周边旅游市场开发潜力	区间赋值

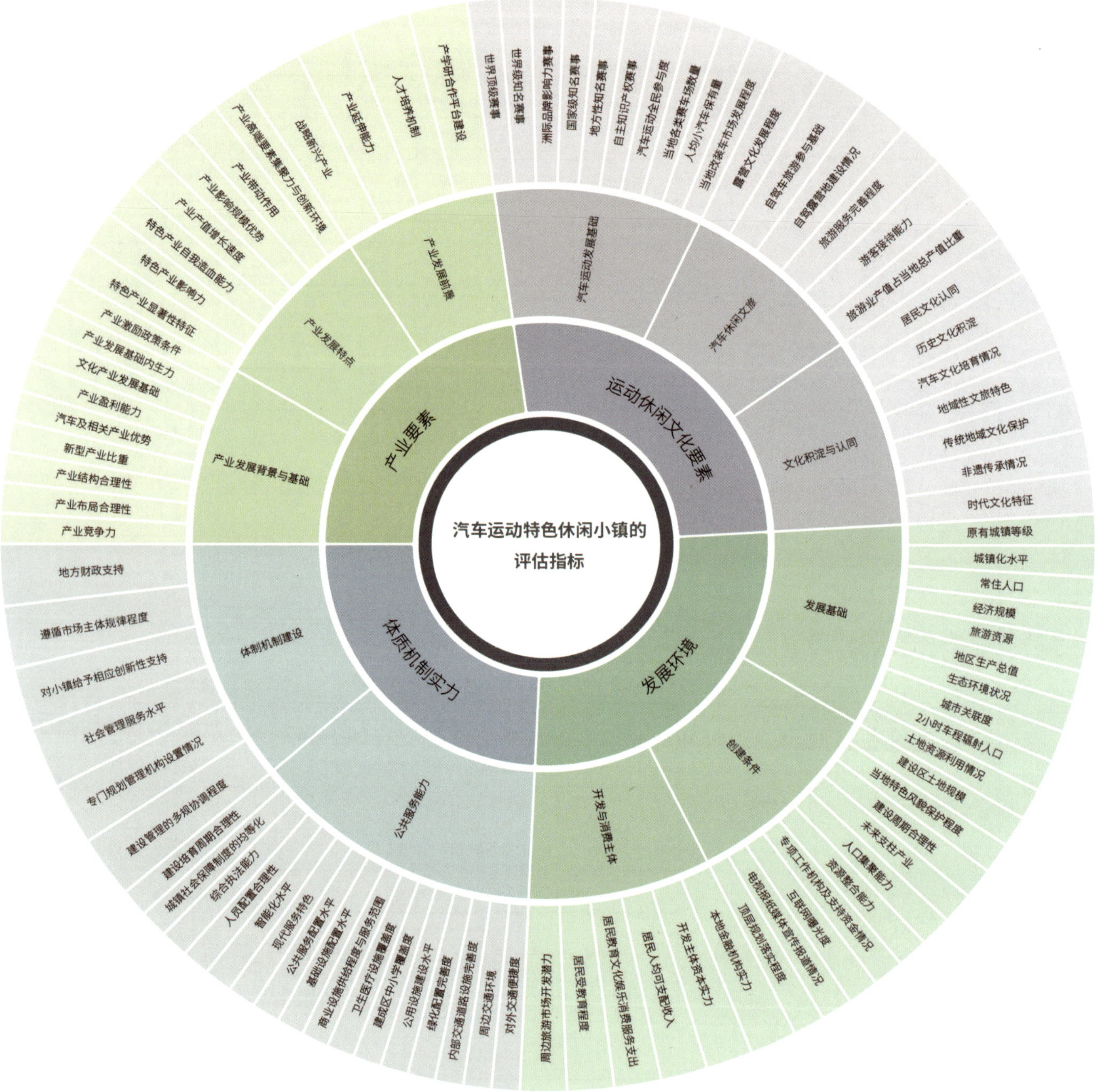

图 6-2 汽车运动休闲特色小镇的要素评估指标模型

6.3 指标模型设计

采用 Amos 等结构方程建模工具，结合数据统计与专家打分法，建立理论模型，且可进行模型参数的动态调整。采用多指标综合评价的方法建立汽车运动休闲特色小镇的要素评估指标模型，常见的多指标综合评价方法包括综合加权法、DSS 评判法、理想点法、向量排序法等。汽车运动休闲特色小镇的要素评估指标模型通过多边形指标图示体现，采用标准化函数将各指标标准化为 0–1 的变量，从而在指标图示中呈现出便于直观化阅读的多边形图像（图 6–2）。

6.4 其他理论模型构想

6.4.1 地域扩张模型

在特色小镇推动新型城镇化发展的过程中，地域扩张是空间布局方面的发展成果之一，呈现与生态保护相互协调的关系，将要素评估指标加入空间维度，则可利用地理信息系统平台中的模型构建功能进行要素迭代，采用空间分析（Spatial Analysis）方法，为小镇的规划提出建议，助力顶层设计调控。当前，国内外对地域扩张的研究主要采用以下三种模型。

（1）城市系统传统模型

此类模型是利用计量数学、系统动力学等方式所建模型的统称。其中，计量数学模型主要利用传统的数理统计方法，由上而下地以传统分析方法对城市用地扩张进行预测，是一种静态模型①，计量数学模型仅利用计量分析方法获得数值答案，模型的复杂度存在限制，在城市土地扩张的空间特征方面缺乏体现；系统动力学模型主要从时间上对城市土地的扩张特征进行分析，较为宏观，不体现动态特征及空间特征。

（2）CA 模型

元胞自动机（Cellular Automata，CA）模型是一种基于栅格邻域关系的动态模型，具有灵活的转换规则，也常与传统模型结合，能够动态模拟土地扩张进展②，通过微观个体的状态变化，模拟复杂的地理时空演化过程③。其核心在于挖掘土地利用变化的驱动要素。CA 模型作为一种基于规则的空间显式模型，可以应用于未来小镇空间格局的预测。

① 张鸿辉，曾永年，金晓斌，等．多智能体城市土地扩张模型及其应用 [J]. 地理学报，2008，63（8）：869–881。
② 何春阳，陈晋，史培军，等．基于 CA 的城市空间动态模型研究 [J]. 地球科学进展，2002，17（2）：188–195。
③ F，WEBSTER，J C. Simulation of land development through the integration of cellular automata and multicriteria. [J]. Environment & Planning B：Planning & Design，1998，25（1）：103。

（3）多智能体系统模型

多智能体系统（Multi-Agent System，MAS）模型是人工智能科学和复杂理论拓展及结合的产物，将多智能体系统引入城市土地扩张研究，考虑影响土地利用时空变化的智能体之间互动关系，较原有的地域扩张模型增加了联系能动的微观个体、模拟空间复杂系统的时空动态、等动态仿真特征方面的优势。1998 年伊萨克·班奈森（Itzhak Benenson）进行的城市人口动态多智能体系统模拟，即以经济状态和文化认同与城市人口动态进行互动和模拟仿真①，率先将多智能体系统引入这一研究领域，以弥补不同情境下地理信息系统过程模拟能力的不足。

6.4.2 成长周期模型

生命周期（Life Cycle）源于生物学概念，其原意为将生物的生命历程概念移用于社会经济领域，从产品、行业到园区、城镇都有特定的生命周期。旅游生命周期学说源于沃尔夫（Wolfe），他提出了旅游目的地发展演化的"埃利斯曲线"（Ellis Curve）。而更加广为人知的学说是由巴特勒（Butler）提出来的旅游地生命周期模型（Tourism Area Life Cycle，TALC），他将旅游目的地的发展周期划分为探索、参与、发展、巩固、停滞、衰落或复苏的 6 个主要阶段，长久以来为旅游研究领域学界关注、引述和讨论。

汽车运动休闲特色小镇需要经历一段时间的培育和演变，将其发展与生长周期理论相结合，将生命周期管理思想应用于小镇的培育与全流程治理，有助于预见小镇在发展过程中的问题并及时有效地找出解决方案，促进小镇顶层设计更加科学、机动与合理。

6.5 小结

本章介绍了利用模型进行汽车运动休闲特色小镇研究分析的相关思路，以建模的方式解决顶层设计中决策影响因素的多样性和复杂性问题。多维度评估指标模型、地域扩张模型和成长周期模型分别从不同角度研究汽车运动休闲特色小镇的发展特征，助益于小镇的顶层设计、规划培育、开发运行，在实际应用中，需要在大量样本数据的基础上，选取适合的模型法则，加以灵活调整予以使用，数据须常态化更新，持续观察，对模型的数据和计算方法即时纠偏和调整，最终促进汽车运动休闲特色小镇的健康可持续发展。

① BENENSON I. Multi-agent simulations of residential dynamics in the city[J]. Computers，Environment and Urban Systems，1998，22（1）：25-42。

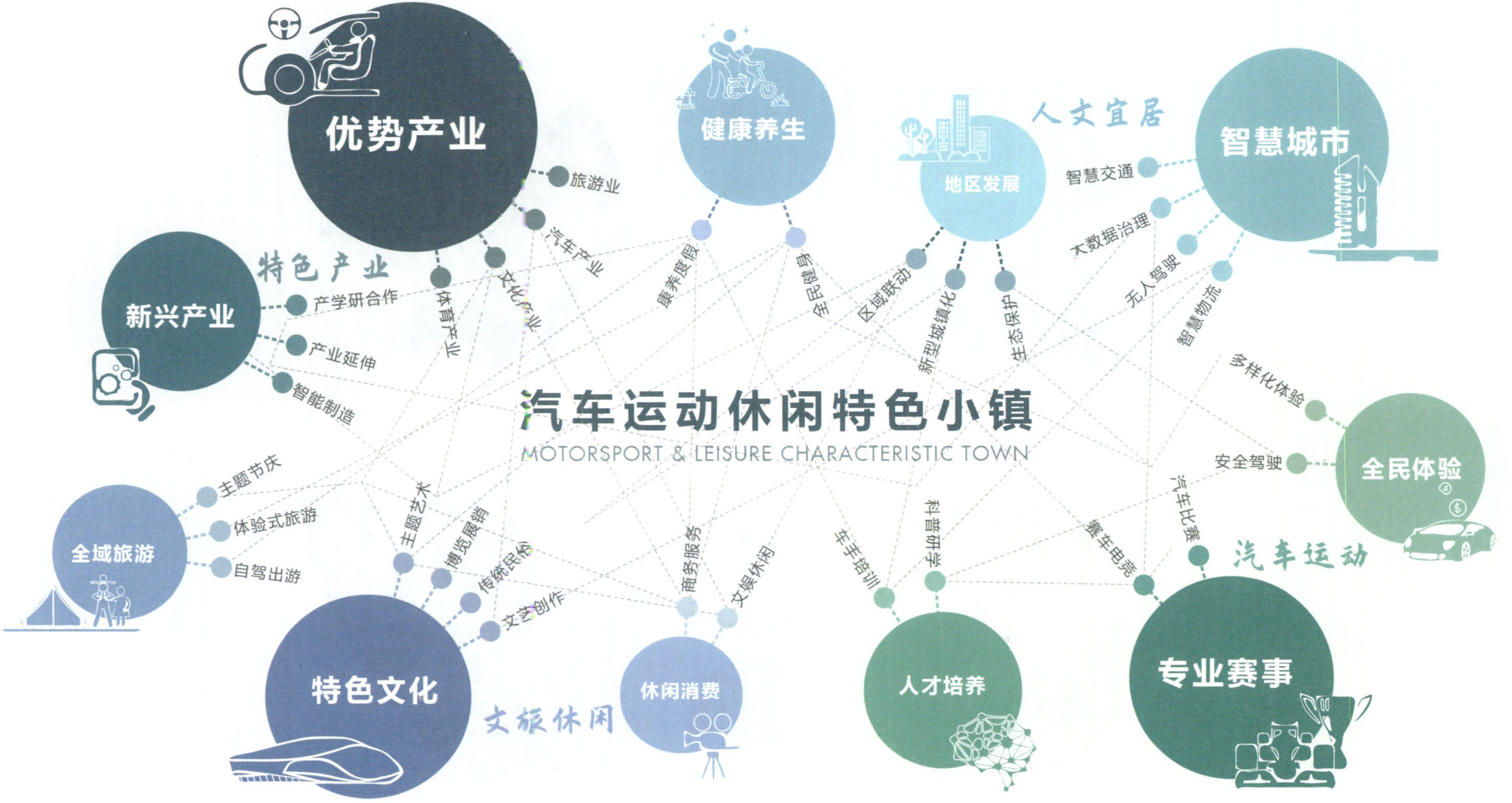
汽车运动休闲特色小镇
MOTORSPORT & LEISURE CHARACTERISTIC TOWN
特色产业
优势产业
旅游业
汽车产业
文化产业
体育产业
新兴产业
产学研合作
产业延伸
智能制造
人文宜居
健康养生
康养度假
全民健身
地区发展
区域联动
新型城镇化
生态保护
智慧城市
智慧交通
大数据治理
无人驾驶
智慧物流
文旅休闲
全域旅游
主题节庆
体验式旅游
自驾出游
特色文化
主题艺术
博览展销
传统民俗
文艺创作
休闲消费
商务服务
文娱休闲
汽车运动
全民体验
多样化体验
安全驾驶
专业赛事
汽车比赛
赛车电竞
人才培养
车手培训
科普研学

汽车运动休闲
特色小镇元素分析
Motorsports & Leisure
Characteristic Town
Factor Analysis
MOTORSPORTS & LEISURE CHARACTERISTIC TOWN
FACTOR ANALYSIS
核心元素 CORE ELEMENT
可选元素 OPTIONAL ELEMENT
支撑产业
Autonomous Driving
汽车运动
汽车文化
汽车休闲
城镇发展
汽车产业
农林产业
文化产业
体育产业
休闲产业
新兴产业
……
特色旅游
自然风光
历史人文
其他运动
教育培训
技术研发
汽车科普
汽车艺术
汽车展览
节日活动
……
国际赛车场
城市汽车街道赛
驾驶体验
卡丁车运动
耐力赛
跨界拉力赛
城市SUV体验
直线竞速
车手培训
大众赛车
人口
土地
经济发展
……
汽车营地
汽车旅游
全民健身

下篇

汽车运动休闲特色小镇经典案例

AGA
AGA
ALIVE TUNING

7 法国勒芒小镇

他把我引进他年轻人的世界。他带我去看勒芒二十四小时耐力赛车，看视觉艺术展，甚至参加了一次大型表演集会。只要他在，我们家里的空气就是活跃新鲜的。这个家没有他，就寂静无声，日子一天天流逝，不会再有突如其来的任何事情，我会习惯这样的生活吗?

——【法】西蒙娜·德·波伏瓦《独白》

闻名世界的法国勒芒镇被誉为汽车运动的圣地，是汽车耐力赛的摇篮。著名的勒芒 24 小时耐力赛从这里诞生，在每赛季的比赛期间，来自世界各地的车迷均会前来朝圣。此地积淀百年的汽车运动文化、保留完好的历史人文资源和优美的生态自然环境，在勒芒百余年的悉心经营和培育下，共同成就了勒芒作为汽车运动休闲特色小镇的经典案例。

7.1 发展背景与资源禀赋

勒芒（Le Mans）位于法国西北部萨尔特河畔，是卢瓦尔河大区（Région Pays de la Loire）萨尔特省（Sarthe）的省会，也是法国西北部重要城市（图 7–1）。勒芒地势北高南低，地形以平原和丘陵为主，属温带海洋性气候，降水均匀，环境舒适宜人，拥有丰富的自然资源和良好的生态环境。

图 7–1　勒芒小镇

勒芒是享誉世界的历史名城。“勒芒”一名来自首都塞努马尼的古代高卢部落。公元 3 世纪，高卢人和罗马人在此筑城，圣朱利安建立了主教辖区。12 世纪，金雀花王朝在勒芒诞生，成为曼恩（Maine）领地的前首都。如今在勒芒市中心仍然保存着较完整的金雀花城古城街区（Plantagenet City）。

作为法国西北部交通枢纽，且位于巴黎 1 小时经济圈之内，勒芒能够借助发达的交通网络发展。得益于自然生态、历史人文和交通运输方面得天独厚的强大优势，勒芒旅游业发展较早，形成了发达便捷的旅游服务体系。这也是勒芒成功孕育举世闻名的勒芒 24 小时耐力赛，并发展为著名汽车运动休闲特色小镇的关键性基础要素之一。

7.2 发展路径分析

勒芒发展成为汽车运动休闲特色小镇的主因是旅游业和汽车工业的发展和当地政府、社会团体与个人的积极推动。以汽车产业出发，通过举办重大赛事培育发展基础，以自主品牌赛事塑造特色文化，在空间和时间上逐渐扩展到全域旅游层面，完成小镇的整体提升。

7.2.1 从汽车产业出发

20 世纪初，法国是世界第一汽车生产国。据记载，1903 年的法国汽车产量占世界汽车总产量的 49%，1902—1907 年，法国生产的汽车量超过欧洲其他国家汽车产量的总和[①]。勒芒拥有一定的汽车工业基础，1885 年即出现了当地第一家汽车制造厂商[②]，自 19 世纪末便是著名的豪华汽车生产基地。

7.2.2 以汽车运动积聚实力

法国是汽车运动的起源国，距离勒芒较近的大都市巴黎是早期汽车运动的中心。1905 年，法国汽车俱乐部宣布将举办以厂商为参赛单位的国际性汽车大奖赛，替代以国家为参赛单位的戈登·贝内特杯汽车比赛，这一举动能为实力超群的法国汽车厂商创造更多利用比赛进行自我宣传的机会。

勒芒是第一次大奖赛举办地的申请方之一。来自勒芒旅游俱乐部、勒芒保险公司等组织机构的一群实业家和官员相信汽车比赛可以激发勒芒经济潜力，带动勒芒及周边地区的发展。法国汽车俱乐部认为，勒芒市拥有汽车工业发展基础，且交通设施先进、法律法规完善，最终以投票选定勒芒成为 1906 年第一次汽车大奖赛的举办地（图 7-2）。

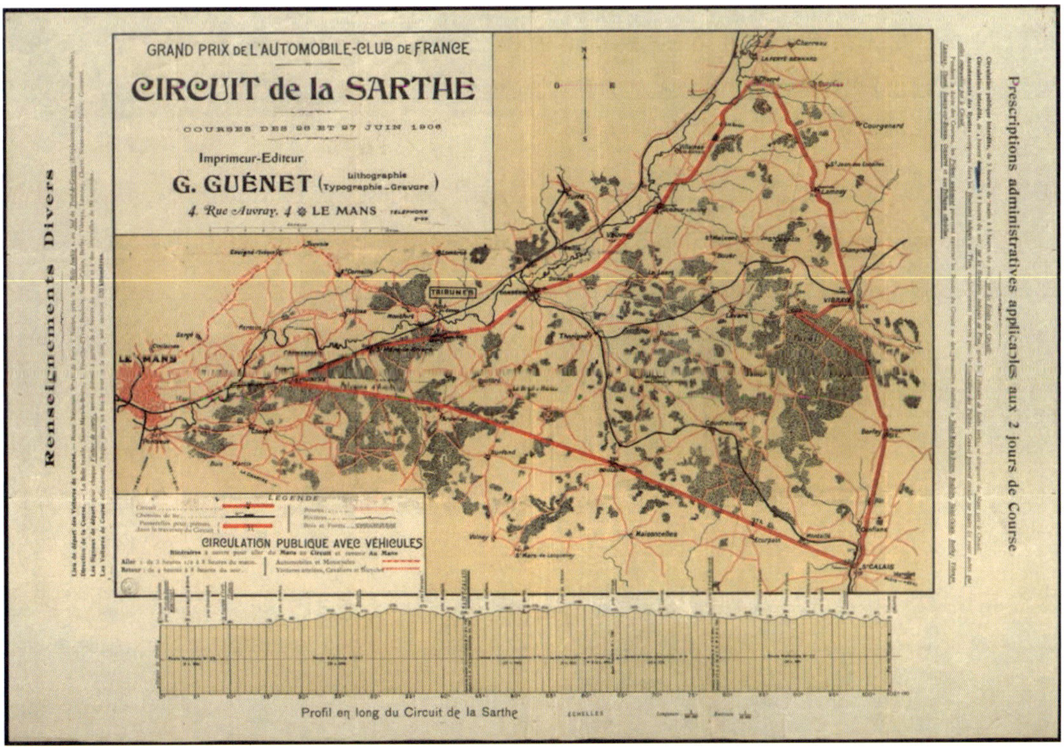

图 7-2　1906 年法国大奖赛

① 资料来源：Lane Motor Museum

② Marián Suman-Hreblay. Automobile Manufacturers Worldwide Registry. McFarland，2015，17。

勒芒方面随即成立专业的赛事管理机构萨尔特汽车俱乐部，实施会员制加强管理，在成功举办第一次汽车大奖赛后，积极探索多样化的汽车比赛形式。1913 年，萨尔特汽车俱乐部更名为西方汽车俱乐部(Automobile Club de I'Ouest，ACO ）（图 7-3），并在 1923 年举办了第一届勒芒 24 小时耐力赛。耐力赛创新了比赛形式，将以往的竞速汽车比赛开拓到以长距离可靠性和车辆夜间照明为主要评价标准的新领域，24 小时不换车辆而轮换车手，行驶距离最远者获胜。

图 7-3　西方汽车俱乐部（ACO）

图 7-4　勒芒 24 小时耐力赛结束后狂欢的人群

耐力赛很快吸引了厂商和俱乐部的参与，被人们推崇为最顶尖的汽车比赛之一，勒芒 24 小时耐力赛主办方西方汽车俱乐部便逐渐将耐力赛向世界推广，从北美勒芒、勒芒洲际赛到世界汽车耐力锦标赛，使耐力赛成为具备重要地位的汽车比赛形式，而勒芒 24 小时耐力赛作为国际汽联旗下世界汽车耐力锦标赛的赛季收官战和年度世界冠军加冕之地，进一步巩固了其作为世界汽车运动圣地的品牌和形象（图 7-4）。

7.2.3　全域旅游升级

在 20 世纪初举办汽车大奖赛时，勒芒已经拥有在当时较为发达的交通网络，良好的基础设施建设让它在比赛地参选者之间脱颖而出，而勒芒也有意利用国际化的比赛向世界推广当地的旅游资源。最初，勒芒比赛路线经过多个村庄附近，利用人烟稀少的乡间道路组成闭合环路作为比赛路线，举办比赛期间临时封闭，因此，对道路的整修也提升了交通的便捷性和安全性。1921 年，为筹备举办汽车耐力赛，勒芒修建半永久性赛道——萨尔特赛道，其中发车直道和一部分附属建筑为永久性设施，其余部分仍然延续了使用乡间道路的传统。

勒芒以重大汽车比赛为契机，充分调动社会力量，推行了以全域旅游为理念的一系列措施。1906 年大奖赛前夕，萨尔特汽车俱乐部在乔治・杜兰德等人的带领下，集合比赛周边村庄举行会议，宣传比赛可为当地居民带来的直接与间接利益，以及对地区经济和工业发展带来的长远影响力。会议内容还会做成海报张贴宣传。在高效的组织下，地方很快成立相应委员会，募集赞助并致力于完善旅游服务。这些举动甚至影响了周边几个村镇前来主动提供资金、配合宣传。

在这些先进理念的指引下，萨尔特有针对性地逐步向旅游目的地转型。萨尔特缺乏酒店，因此从 1906 年第一次举办汽车大奖赛开始，为了消化比赛观众的住宿需求，勒芒当地一方面鼓励居民向游客提供民宿服务，另一方面与法国汽车俱乐部共同设计了赛道旁的露营区，以每平方米 1 法郎的价格租借给前来观看比赛的观众。为了满足人们的饮食和娱乐需求，赛道周围还布设了很多餐馆；比赛期间，赛道旁搭设舞台上演戏剧。

除了尽可能为赛事带来的观众提供周到的服务，萨尔特勒芒地区的旅游委员会也充分借助比赛宣传和推广当地其他旅游资源（图 7-5）。例如 20 世纪初，为了使来自不同国家、地区的游客获知勒芒的旅游信息，他们向游客提供不同语言的旅游指南，在其中介绍了勒芒的历史、名胜、餐馆、住宿、工业等。

图 7-5　20 世纪初勒芒广场上的汽车赛事庆祝活动

从汽车产业、重大赛事到全域旅游，勒芒充分利用自身资源，整合各方力量，探索出一条汽车运动休闲特色小镇的升级路径，至今仍保持着创造力和影响力，向全球开展文化品牌的塑造和输出。

法国勒芒小镇发展路径分析

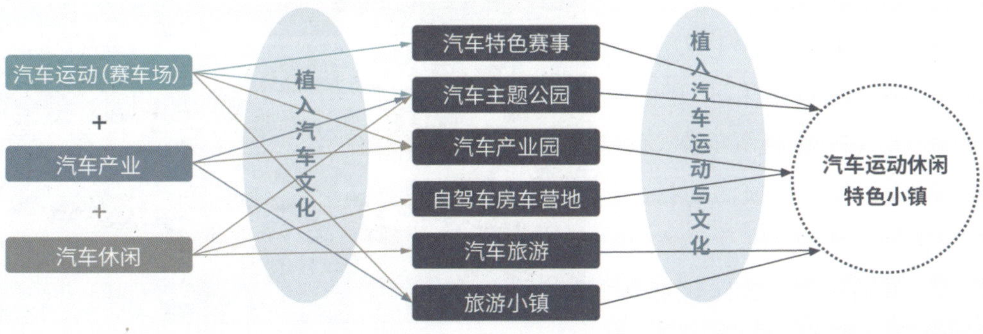

7.3 小镇核心区研究

闻名世界的24小时耐力赛和珍贵的历史遗产是勒芒的核心特色，出于吸引旅游、带动消费、协调交通与住宿资源等方面的考虑，勒芒主题性的活动和节日往往持续时间达一周之久，因而对数量较大的附近游客而言，自驾出行是最方便的选择；但同时，勒芒24小时耐力赛属于国际性大型活动，仍有半数以上游客选择公共交通前往。勒芒的旅游也充分采用全域旅游的概念，注重自驾旅游群体的体验。勒芒市中心与萨尔特赛道附近一带是小镇的核心区。时间跨度长、区域影响范围广是勒芒小镇核心区活动的显著特点。

7.3.1 汽车赛事和体验

著名的勒芒24小时耐力赛一般在6月举办，正赛在周六开始，延续至周日结束，这周通常被安排为“比赛周”，包括练习、排位、正赛在内的各项活动将持续七天以上，从比赛周开始到比赛结束，整个勒芒镇将大规模协调公共资源以保证活动的顺利进行。在比赛周期间，全勒芒镇实行交通管制，公共交通将更改班次和路线以服务比赛相关出行，部分路段私家车全面禁止通行，从中心市区到赛道，分布有车手巡游等一系列公共集会，人们可以在沿途观看活动甚至参与互动（图7–6）。

图7–6 勒芒车手巡游

除了勒芒24小时汽车耐力赛外，勒芒全年还有多个汽摩大型活动，如24小时卡丁车耐力赛（24 Hours Karting）、24小时摩托车耐力赛（24 Hours Motos）（图7–7）、24小时卡车耐力赛（24 Heures Camions）、勒芒经典汽车赛（Le mans Classic）等。每项活动持续时间一般在三天以上，主办方会安排大量开放性和互动性强的项目，吸引爱好者们全程参与。

图7–7 由西方汽车俱乐部（ACO）举办的24小时摩托车耐力赛

图 7-8 勒芒萨尔特赛道周边的露营

7.3.2 自驾露营

勒芒公路网发达，来自法国、英国的游客约半数选择自驾旅行，许多其他外国游客也会选择租车自驾。勒芒的宾馆、酒店容纳能力不足以消化大量游客的需求，尤其是大型比赛期间的短时大量客流，因而“自驾+露营”的模式就成为勒芒旅游的特色体验和传统文化之一。露营地也是自驾车旅行的补给站。在萨尔特赛道附近，露营地依据不同层级和功能划分为多个区域，遍布赛道内外（图 7-8）。比赛期间，勒芒露营地通常一席难求。与一般露营地所追求的宁静私密不同，勒芒露营地是与赛道噪声源距离最近的居住地，24 小时耐力赛期间，露营地里常常彻夜狂欢，人们在啤酒、音乐和赛车的声浪中休闲和社交（图 7-9）。

图 7-9 勒芒萨尔特赛道周边彻夜狂欢的人群

图 7-10　圣朱利安大教堂

7.3.3　历史主题旅游

勒芒利用丰富的历史人文资源开展主题旅游。始建于 11 世纪的圣朱利安大教堂坐落在小镇的中心（图 7-10），是法国最大的大教堂之一，其技术和风格在历代整修过程中不断演变，使大教堂成为各种建筑风格的结合体（图 7-11），大教堂内保留着世界上现存最古老的彩色玻璃窗，可以追溯到 12 世纪；金雀花城街区坐落于大教堂后，是保存较完整的历史街区，许多建筑可以追溯到中世纪晚期到文艺复兴初期，街道砖石由铺成，设置交通限制，标志性建筑曼恩宫成为市政厅的一部分；环绕古城的高卢 - 罗马城墙可以追溯到 3 世纪，至今保存完好。除大量名胜古迹外，勒芒主题性的博物馆和展览馆较多，并为游客提供了深层次的解说和导赏。

图 7-11　圣朱利安大教堂内景

勒芒旅游充分整合以上大量资源，以先进的技术包装宣传勒芒的历史人文特色。例如，勒芒夏日傍晚在金雀花城街区举办的主题艺术节日“奇美拉之夜”，其独特设计的灯光变幻投射在7栋著名建筑物上，用声光电结合的演出方式讲述勒芒的历史事件和神话传说，向勒芒的文化遗产致敬（图7–12）。

图7–12　勒芒奇美拉之夜

7.3.4　文艺主题节日

勒芒文化艺术活动繁荣，拥有法国最早的博物馆之一泰瑟美术馆（Le musée de Tess é）。除了24小时耐力赛，勒芒还举办了大量的文化艺术类节日，包括春季的欧罗巴爵士音乐节（Europa Jazz Festival）、夏季的“奇美拉之夜”、10月的文学沙龙（Literary Salon）、25小时文学沙龙（the 25 Hour of the Book）等。

欧罗巴爵士音乐节始于1980年，由勒芒发起，通常在每年3~4月举办，以勒芒为中心，辐射至整个卢瓦尔河谷大区和诺曼底地区。音乐节期间举办一系列的音乐会、音乐演出、主题旅游、展演、艺术工作坊等活动（图7–13）。2019年，观众超过4万人次。而以2020年为例，56个舞台分布在25个城市中，共举办了147场音乐会，其中在勒芒的演出场地有28个，演出117场[1]（图7–14）。

图7–13　欧罗巴爵士音乐节活动

图7–14　欧罗巴爵士音乐节海报

① 资料来源：LE MANS JAZZ ASSOCIATION，https：//lemansjazz.com/en/about/。

图 7-15　雷诺勒芒厂区

7.3.5 创新与科研

图 7-16　勒芒大学

勒芒工业实力雄厚，科技教育发达，农业和农副产品加工业也在法国占领先地位。勒芒不仅是雷诺汽车厂所在地（图 7-15）和重要的机械工业基地，也是著名的高科技电子工业中心和塑料加工技术中心。拥有科研积累和创新传统的勒芒注重可持续性，对科研工作极为重视，勒芒的高等教育机构主要集中在勒芒大学城，该大学城位于勒芒市区西北方向的里贝地区（Quartier Ribay），也是勒芒的高新科技产业开发区。此地汇集了勒芒大学、勒芒材料工程学院、国立勒芒高等美术学院、国立勒芒高等工程师学校等众多高校。其中勒芒大学作为享誉法国的高等学府，近年来致力于学术创新和对经济、社会发展杠杆作用的开发，在各地合并、建立实验室，形成学院与行业密切交流的有效渠道和合作平台（图 7-16）。

对科研和创新的重视，保证了创造力对地区发展源源不断的供给，提升了勒芒的产业竞争力和综合实力。

7.4 运行情况

在勒芒地区，农业经济拥有最大规模，其次是汽车产业经济，因而勒芒作为汽车运动休闲特色小镇的运营形式也围绕汽车的全产业链展开。勒芒汽车制造业经历了一段黄金时期，随着去工业化趋势的到来，汽车工业集聚程度下降，汽车运动和汽车服务产业逐渐成为主角。在汽车服务方面，勒芒是法国大型综合保险公司 MMA 的起源地和总部所在地，汽车保险是其业务的主要组成部分之一；在汽车高新技术研发方面，勒芒汽车研究所（Institut Automobile du Mans，IAM）不仅为各大厂商提供了技术研发基地，也成为推广和业务发展的平台；在汽车运动方面，赛车学院（The FFSA Academy）提供专业的赛车驾驶培训和专业机械师培训，耐力赛冠军车手、技师团队针对不同赛事特点为车手学员、技师学员提供指导和教学（图 7–17）。此外，许多赛车零部件制造商、赛事经纪、车队等赛车产业方面的公司也将总部或分部设立在勒芒，方便资源对接和研发。以上汽车产业背景下的前沿业态集聚，构成了勒芒的特色产业基础，是勒芒延续发展的核心动力。

图 7–17　赛车学院（The FFSA Academy）

勒芒在发挥交通枢纽作用的同时，充分利用便利的交通条件，借助法国高速列车（Train Grarde Vitesse，TGV）网路的建立和与英国、西班牙之间便捷交通的连接，吸引了大量本土和英国游客，其他国际游客则可以经由巴黎到达勒芒（图 7–18）。出色的宣传、发达的交通和周到的服务为勒芒旅游市场提供了客源保障，而以 24 小时耐力赛、勒芒经典汽车赛为代表的大型比赛和活动为勒芒打造了旅游旺季（图 7–19）。其中 24 小时耐力赛每届吸引观众约 25 万，仅为所在县带来的直接经济收益约 8 200 万欧元[①]。

图 7–18　勒芒交通枢纽的宣传标识

图 7–19　勒芒 24 小时耐力赛期间赛道边的观众

① 数据来源：ACO，https://www.lemans.org。

由于大型活动期间参与人员和观众停留时间长，勒芒开发了一系列业态、并采取相应的措施确保服务的供给，带动本地经济的发展。游客需求带来了相应市场的繁荣，民宿、房车租赁、户外休闲等业态在有序的监管下迅速发展。例如，比赛期间，营位根据与赛道、各类活动区的距离不同而价格有别，提供个性化的娱乐设施和服务（图 7-20）；民宿有相应评选和淘汰机制，鼓励商家提供规范而具有特色的民宿产品（图 7-21）。对消费者的关注和对服务体验的重视，共同促进了勒芒特色赛事旅游发展的良性循环。

图 7-20　比赛期间赛道周边的娱乐与服务

图 7-21　勒芒小镇的个性化民宿

古老的萨尔特赛道虽然百年来历经多次线形调整和翻新修复，仍保持着大量历史的痕迹，从1906年第一次大奖赛、1923年首届勒芒24小时耐力赛传承至今。布加迪赛道（Bugatti Circuit）建设于1965年，作为嵌入萨尔特赛道的一条永久性国际赛道，与萨尔特赛道共用发车直道、维修区和主看台，用于举办除勒芒24小时耐力赛之外的其他赛事，有效削减了维护成本。

诞生于勒芒的耐力赛在西方俱乐部的科学运营与管理下，以勒芒为起点和中心，在世界各地生根发芽，产生了持续而深远的影响，成为具有权威性和不可替代性的汽车比赛形式；而长期举办24小时耐力赛的历史和高度仪式化的系列活动，逐渐为勒芒赋予了深厚的文化内涵，不断丰富和延展。关于勒芒24小时耐力赛的文学、影视、漫画等优秀文艺作品层出不穷，勒芒已成为具有精神内核的文化符号和汽车运动、汽车文化爱好者的神圣之地。

汽车运动休闲
特色小镇元素分析
Le Mans
法国勒芒小镇
MOTORSPORTS & LEISURE CHARACTERISTIC TOWN
FACTOR ANALYSIS
勒芒24小时耐力赛
自驾露营
车手巡游
西方汽车俱乐部ACO
核心元素 CORE ELEMENT
可选元素 OPTIONAL ELEMENT
支撑
产业
汽车
运动
城镇
发展
汽车
休闲
汽车
文化
新兴产业
休闲产业
体育产业
文化产业
农林产业
汽车产业
特色旅游
历史人文
其他运动
教育培训
技术研发
汽车科普
汽车艺术
汽车展览
节日活动
汽车营地
汽车旅游
人口
土地
经济发展
国际赛车场
城市汽车
街道赛
驾驶体验
卡丁车运动
耐力赛
跨界拉力
城市SUV体验
直线竞速
拉力、越野
大众赛车
车手培训

8 美国印第安纳斯皮德韦小镇

他们本可以选择在其他地方生活——事实上，有许多人的确曾经在其他地方生活过——但是，社区让他们有一种归属感，所以他们更喜欢生活在小镇上。他们彼此认识，在后院的烧烤活动、学校的活动或者教会里，都会和邻居们见面。社区有一种亲切感，他们了解社区，珍视如家。社区里的居民有着相似的价值观和生活方式，相比今日，那是一种更为传统的价值观和生活方式。

——【美】罗伯特·伍斯诺《小镇美国：现代生活的另一种启示》

8.1 发展背景与资源禀赋

印第安纳斯皮德韦小镇（图 8-1），又称印第安纳赛道小镇（Town of Speedway Indiana）位于美国印第安纳州马里恩县韦恩镇，距离印第安纳波利斯市中心 10 千米，占地 12.35 平方千米，人口约为 1.2 万①。斯皮德韦属印第安纳波利斯飞地，拥有独立的政府主管部门和镇议会，公安消防、城市管理、教育医疗等部门一应俱全，是特殊的“城中之城”②。斯皮德韦属于亚热带湿润气候，夏季炎热而多雨，冬季温和而凉爽，全年无极端天气，生态环境良好。

8.2 发展路径分析

8.2.1 从汽车产业出发

斯皮德韦的建镇和名称都源于著名的印第安纳波利斯赛道（Indianapolis Motor Speedway）（图 8-2），属于典型的从汽车运动发展而来的汽车运动休闲特色小镇。其诞生要从 1909 年说起，美国印第安纳州企业家卡尔·格雷厄姆·费舍尔（Carl Graham Fisher）受到世界上第一条专业赛道英国布鲁克兰赛道的启发，为了促进美国汽车工业的发展，联合友人组建公司，在印第安纳波利斯市郊找到一片农田，建造了当时美国第一条、世界第二条专业赛道，即著名的印第安纳波利斯赛道。赛道致力于为汽车厂商提供测试设施，并为有意学习驾驶的人们提供相对安全的训练场地（图 8-3）。

赛道选址时，印第安纳州已经有数十家汽车生产商和供应商，因而费舍尔等人有意将印第安纳波利斯打造为世界汽车制造中心，并在赛道建成的同时完善服务配套设施。1912年，

图 8-1 印第安纳斯皮德韦小镇

图 8-2 1909 年，在建中的印第安纳波利斯赛道

① 资料来源：Annual Population Estimates (2018 PEP，PEPANNRES)。
② 资料来源：https：//www.speedwayindiana.com/。

图 8-3 印第安纳波利斯赛道

图 8-4 艾里逊变速箱公司

赛道附近规划了住宅区，服务于附近工厂中的工人。根据当时的先进理念，费舍尔等人希望将这片地区打造成为一座科技领先的汽车之城。

两次世界大战期间，汽车运动停摆，由赛车场创始人之一詹姆斯·艾里逊建立、为赛车生产零配件的艾里逊工程公司（Allison Engineering Company）获得美国陆军部授权，在 1918 年前为军方生产“自由号”飞机引擎，后又为第二次世界大战期间的 V-1710 等经典机型生产引擎、喷气推进装置等部件；斯皮德韦地区工厂还建立了航空维修站，修理、改装和测试了数百架飞机和飞机引擎①。战争期间，斯皮德韦地区引擎制造技术已积累了可观的经验，公司规模也不断扩大，同时扩建了工厂和住宅区，吸引了上万名工人就业。艾里逊公司 1929 年被通用汽车公司收购。战后，除了持续在航空工业的投资和发展外，艾里逊公司还设立了用于商业和军事用途的变速箱设计开发部门，生产了著名的艾里逊变速箱（Allison Transmission），成为目前全球最大的全自动变速箱制造商之一（图 8-4）。

在拥有百年积累的产业驱动下，斯皮德韦围绕汽车产业向小镇形式逐渐完善。

① 资料来源：印第安纳数字图书馆。

8.2.2 以汽车运动塑造特色

印第安纳波利斯赛车场为斯皮德韦带来了最早的知名度和第一批常住人口。被誉为“最壮观的赛事”（the Greatest Spectacle in Racing）的印第安纳波利斯 500 英里（简称印地 500）比赛（图 8–5）自 1911 年创办以来，除两次世界大战期间，每年都在印第安纳波利斯赛车场举办，单场比赛吸引约 30 万名观众。印第安纳波利斯赛车场的永久座位容量超过 25 万，是世界上容量最大的体育场馆①。无论在物质经济层面还是在文化精神层面，赛车场都已成为全镇的中心。小镇功能区的规划建设都将赛车场带来的产业和市场置于考虑中。因汽车、摩托车比赛而吸引的旅游人口扩大了消费市场，汽车运动体验、汽车改装服务、赛事培训、赛事管理等业态扩充了服务类别。

汽车运动近百年的文化沉淀塑造了斯皮德韦的特色。印第安纳波利斯赛道作为世界上第一条红砖铺成的赛道，在如今重铺过的沥青表面发车线前依旧保留了 1 米宽的红砖路面，至今车手和游客还会跪在地面亲吻红砖发车线。1936 年，车手路易斯・迈耶在获得印地 500 比赛三届冠军后喝当地生产的波尔克牌脱脂牛奶庆祝（图 8–7），通过牛奶生产厂商的赞助和宣传，形成了独特的、获奖车手在领奖台以牛奶而非香槟庆祝的传统（图 8–8）。诸如此类的历史元素加以科学合理的营销宣传策略，促使斯皮德韦孕育出独特的“砖厂”文化，形成了以汽车运动为标志性特色、人文情怀与产业实力兼备的汽车运动休闲小镇。

图 8–5 印第安纳波利斯 500 英里比赛

① “100 000+ Stadiums”. World Stadiums. Archived from the original on June 5，2011. Retrieved November 23，2010.

图 8-6 印地 500 获胜车队亲吻印第安纳波利斯赛道发车线

图 8-7 波尔克牛奶厂

图 8-8 印地 500 冠军车手泼洒牛奶庆祝胜利

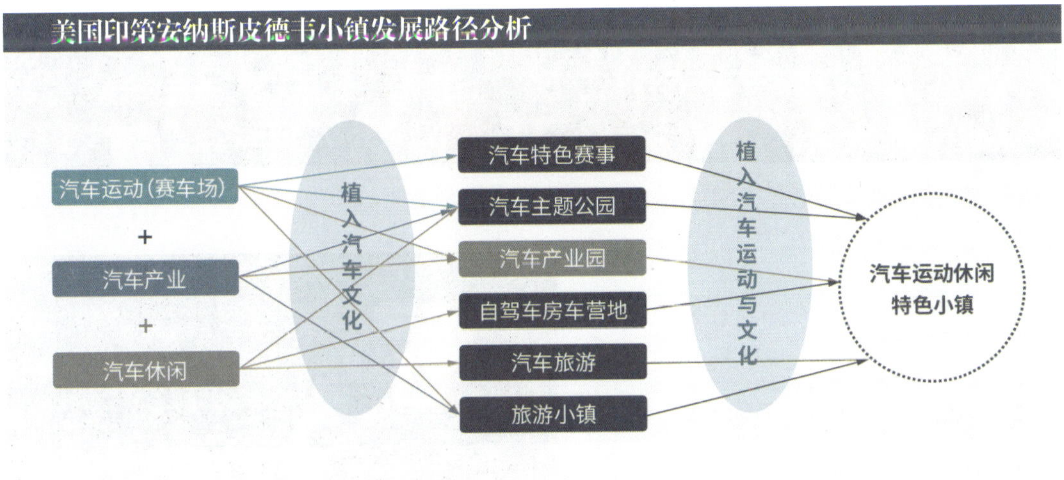

8.3 小镇核心区研究

8.3.1 汽车赛事

斯皮德韦每年举办包括纳斯卡系列比赛、印地系列比赛在内的十余项大型赛事和大量中小型比赛。具有代表性的著名比赛包括印地 500、印地大奖赛（IndyCar Grand Prix）、纳斯卡砖厂 400 英里赛（Big Machine Vodka 400 at the Brickyard）、砖厂老爷车邀请赛（Brickyard Vintage Racing Invitational）、BC39 短道拉力赛（Driven2SaveLives BC39）、印地安纳 250 英里明星赛（Indiana 250）等，每项赛事都拥有可观的观众基础。

与勒芒类似，斯皮德韦也将大型比赛和各类活动加以组合，延长游客的停留时间。以印地 500 为例，在比赛前后长达一个月的时间里，主办方安排了嘉年华式的大量互动体验。例如，在比赛周前一周六举办的乡村音乐会“传奇之日”（Legend Day），在比赛周周五举办的摇滚音乐会“碳水节”（Carb Day）（图 8-9），在砖厂 400 比赛前一

图 8-9　2017 年印地 500 比赛前夕的碳水节

天举办的“佛乔航线节”（FGL Line）等文艺娱乐节日；全体参赛者从市区出发到达赛道、绕赛道一周后再回到市区的迷你马拉松（Mini-Marathon）；专为儿童举办的大型户外活动儿童日和新秀跑；包含花车、气球、车手参与，在印第安纳波利斯市中心举办的大型主题游行（图 8-10）；由于印地 500 比赛恰逢美国阵亡将士纪念日，比赛期间还会举办一系列的爱国主义纪念活动。

图 8-10　印第安纳波利斯市中心的主题游行

赛事期间的露营文化在斯皮德韦也较为盛行，印第安纳波利斯赛道庞大，赛道周边分布着 9 块露营区段，分房车和旅居拖车露营、帐篷露营两类，露营地水电等配套设施齐全，受到观众和游客的广泛欢迎。通常，印地 500 比赛的露营位需要提前 3 个月以上预订。

8.3.2　科普与体验

印第安纳波利斯赛道博物馆（图 8-11）位于赛道内，保存着大量赛车车辆和文物收藏，不仅完整呈现了一个多世纪的印地 500 发展的历史过程，还珍藏有纳斯卡、一级方程式、美国短道赛车、摩托车比赛的代表性车辆。著名的印第安纳波利斯赛道名人堂（图 8-12）是博物馆的重要展示内容，介绍了车手、车队经理等对印地系列比赛产生了重大影响的人物。

赛道常年开放多种体验形式，其中有适合全年龄段的赛道参观。赛车场历史悠久，

图 8-11 印第安纳波利斯赛道博物馆

图 8-12 印第安纳波利斯赛道名人堂

拥有多个标志性景观，如代表“砖厂”特色的红砖发车线、被称为“汽油巷”（Gasoline Alley）的维修区（P 房）、计时中心、颁奖台等（图 8-13），年满 12 周岁的游客即可参与完整的观摩体验。

美国汽车运动普及程度高，许多爱车一族自身也是玩家，他们因赛事聚集在一起，驾驶自己改装的车辆在赛道上体验、练习和比赛。包括印第安纳波利斯赛道在内，印第安纳州共有 15 条沥青路面赛道、20 条越野赛道，此外还有大量专业卡丁车赛道和专为儿童开设的卡丁车赛道[①]，为当地汽车运动文化的普及和推广提供物质基础。

8.3.3 赛车产业

斯皮德韦地区围绕印第安纳波利斯赛车场形成了赛车产业集聚，在赛车工业方面，除前文提及的艾里逊变速箱外，斯皮德韦还孕育了达拉拉赛车工厂（Dallara IndyCar Factory）等赛车生产制造公司（图 8-14）；在赛事管理方面，自 1956 年起，赛事管理机构美国

图 8-13 被称为“汽油巷”的维修区

图 8-14 达拉拉汽车工厂

① Indiana Circle Tracks. ENDUROTRADER。

汽车俱乐部（United States Auto Club，USAC）总部即坐落于此（图 8-15），而目前的印地赛车总部与赛道仅一路之隔；在车队综合性开发和运营方面，有富特赛车（A. J. Foyt）、哈丁赛车（Harding Steinbrenner Racing）、宏科斯赛车（Juncos）等车队在此驻扎。

图 8-15　美国汽车俱乐部

8.3.4　其他休闲运动产业

除汽车运动之外，斯皮德韦地区休闲体育业态多样，高尔夫运动也属于当地特色体育项目（图 8-16）。高尔夫球场位于赛道东侧，由印第安纳波利斯赛道高尔夫与场地部门统一运营和管理，该部门同时负责赛车场地表的规划和维护，保证了赛车场区域整体风貌的连续和统一。高尔夫球场长期举办美国职业高尔夫球协会（Professional Golfer' Association，PGA）赛事等活动，与赛车场的活动错峰或联动举办。高尔夫球场为当地增加了就业岗位，也为赛车场的运营管理提供了人才储备和实践机会。

图 8-16　斯皮德韦的高尔夫球运动

斯皮德韦地区还配备了网球场、足球场、篮球场等体育休闲设施，主要服务于当地居民的日常休闲体育活动。

8.4　运行情况

斯皮德韦被誉为“世界赛车之都”（Racing Capital of the World），受益于以印地 500 为代表的著名汽车比赛和印第安纳波利斯赛道的影响力，小镇每年接待游客超过 100 万人，拉动小镇消费，为小镇带来了市场和人气（图 8-17）。据 2000 年的一次官方估算，赛车场为斯皮德韦带来的经济影响规模高达 3.36 亿美元。

斯皮德韦小镇行政区划鲜明，治理单元和业态聚集单元基本重合。小镇东部的赛道及相关业态区域属核心区，居民社区位于小镇中西部（图 8-18）。在印地 500 等大型比赛活动或节日期间会调动镇域资源，全体小镇居民暂停日常工作，投入活动的筹备或参与活动，

图 8-17　印第安纳波利斯赛事期间的停车与露营盛况

当地居民的角色使活动与节日具有延续性和传承感；与此同时，节日和比赛突出了小镇生活与众不同的方面，显著增强了居民的身份认同感和社群意识[①]，让小镇更具有凝聚力。

图 8-18　斯皮德韦小镇居民社区

斯皮德韦仅有 1.2 万人口，拥有美国典型小镇的公共政治环境，居民关系密切，对小镇认同感强，地方行政长官由居民选举，设有镇议会，人们对社区治理等公共事务的参与度高。各主管部门事务办理集中高效，从职能部门的服务受理到民间社团、公益组织的活动招新都可在当地官方网站找到信息，一站办理。小镇还设有斯皮德韦再开发委员会[②]（Speedway Redevelopment Commission）等部门，致力于通过合理规划、增强商业特色、设计活动项目等方式，提振小镇经济，扩大税收和就业基础。

① Emile Durkheim, Elementary Forms of the Religious Life, trans. Carol Cosman, ed. Mark S. Cladis 1915; repr., Oxford: Oxford University Press, 2008。
② 印第安纳波利斯市斯皮德韦，https://www.speedwayin.gov/。

汽车运动休闲
特色小镇元素分析
Town of Speedway Indiana
美国印第安纳
斯皮德韦小镇
MOTORSPORTS & LEISURE CHARACTERISTIC TOWN
FACTOR ANALYSIS
核心元素 CORE ELEMENT
可选元素 OPTIONAL ELEMENT
印第安纳波利斯赛道
印地系列比赛
美国汽车俱乐部
"世界赛车之都"
支撑产业
汽车运动
汽车文化
汽车休闲
城镇发展
……
新兴产业
休闲产业
体育产业
文化产业
农林产业
汽车产业
国际赛车场
城市汽车街道赛
驾驶体验
卡丁车运动
耐力赛
跨界拉力赛
城市SUV体验
直线竞速
特色旅游
自然风光
历史人文
其他运动
教育培训
技术研发
……
汽车科普
汽车艺术
汽车展览
节日活动
人口
土地
经济发展
……

9 美国戴通纳海滩小镇

随着距离的增加，就连酒店也缩小了，成了很多建筑中的一个高高的板块，他目光所到之处，在佛罗里达这一溜海岸上，左右两边全是酒店、公寓。他发现他手里掌握的那种要改变景观的力量压到了他的胸口和肚子上。

——【美】约翰·厄普代克《兔子四部曲》

9.1 发展背景与资源禀赋

戴通纳海滩镇（Daytona Beach，以下简称“戴通纳”）位于佛罗里达州沃卢西亚县，是佛罗里达州德尔托纳—戴通纳海滩—奥蒙德沿海都市群的主要城市。戴通纳距奥兰多东北约 82 千米。截至 2016 年，人口总计约 6.7 万人。卢西亚县隶属大戴通纳度假区，后者包含戴通纳海滩和奥蒙德海滩，是著名的海滩旅游胜地（图 9–1）。

图 9–1　戴通纳海滩小镇

戴通纳属湿润的亚热带气候，夏季温暖而潮湿，冬季凉爽而干燥，以其宽阔的海滩和光滑坚硬的沙滩而闻名，并逐渐发展成为现代化的特色海滩度假胜地，拥有四星级度假村和新建或改建的家庭旅馆及汽车旅馆（图 9–2），被宣传为“世界上最著名的海滩”。20 世纪 20 年代后，戴通纳以陆地速度记录比赛举办地和纳斯卡赛车的诞生地而闻名。

图 9–2　戴通纳海滩海边度假区

与戴通纳相邻的奥蒙德海滩位于大戴通纳海滩度假区北端的佛罗里达东海岸，以休闲式海滩度假和户外冒险而闻名，同时也是著名的公共艺术圣地。富冈州立公园位于奥蒙德海滩南部，提供划船、露营、钓鱼、徒步等一系列的活动。最受欢迎的景点之一凯斯门特（Casements）是石油巨头约翰·D. 洛克菲勒 1914—1937 年的冬季住所。

9.2 发展路径分析

9.2.1 从汽车运动出发

戴通纳的历史与改装车运动有着密不可分的关联。20 世纪 30—40 年代，美国汽车工业发达，汽车普及率上升，逐渐成为“车轮上的国家”。由于福特公司在第二次世界大战前以先进的生产流水线工艺掌控了全美汽车市场，但市面量产车单一，人们便基于相同车型使用不同零配件进行个性化的改装，人们称这类可改装的量产车为“热棒”（Hot Rod）或改装车（Stock Car）。当时的美国南部存在贩卖私酒等活动，贩卖私酒司机改装车辆以逃避警方追捕，逐渐形成小型的竞速活动，此后改装车爱好者群体持续扩大，改装车文化成为美国现当代文化中不可忽视的组成部分。

图 9-3　20 世纪早期戴通纳海滩上的陆地速度纪录活动

戴通纳地区的沙滩坚硬开阔，适合举办比赛，赛车手前来试图刷新陆地速度记录，直到 20 世纪 30 年代，已经形成了每年举办“速度周”（Speedweek）等汽车运动活动的传统。当地企业受益于此类活动，汽车运动逐渐成为当地的重要收益来源（图 9-3）。1935 年，赛车手们试图打破陆地速度记录时，发现随着汽车速度的增加，戴通纳海滩上大西洋沿岸逆风的劣势显露①。于是，次年这项活动转移到邦纳维尔盐滩。在这一背景下，戴通纳当地政府官员和企业决定举办地方性汽车赛事，挽留因陆地速度记录比赛转移而流失的客源市场。

经过数年的尝试，比赛在美国赛车工程师、车手比尔·弗朗斯（Bill France）的组织下获得阶段性成功，他联合车手，在戴通纳成立了美国全国改装车运动协会，简称纳斯卡（NASCAR），以制定改装车比赛的统一标准、组织系列性的改装车比赛（图 9-4）。随

① HAGSTROM R G. The NASCAR way：The business that drives the sport[M]. John Wiley & Sons，2001。

着戴通纳当地的汽车比赛人气兴旺，弗朗斯着手兴建国际赛道，1959 年戴通纳国际赛道建成，是典型的美式椭圆赛道，戴通纳 500 英里比赛同时作为纳斯卡顶级系列赛事揭幕战和戴通纳赛道首秀与世人见面，纳斯卡系列赛事也逐渐发展壮大（图 9–5）。至今，每年 2—11 月在美国、加拿大、墨西哥、欧洲等地的 100 多条赛道上举办赛事 1 500 余场。

图 9–4　20 世纪 50 年代戴通纳海滩上的改装车比赛

图 9–5　纳斯卡戴通纳 500 英里比赛

9.2.2　全域旅游升级

戴通纳作为孕育了纳斯卡的城市，获得了大量名望和人气，城市推出海滨度假旅游与赛事节日旅游相结合的概念，服务旅游人群，开发出全域联动的旅游产品。据佛罗里达市场研究中心关于沃卢西亚县旅游市场的年度调查报告显示，2019 年全年，沃卢西亚县旅游总收益为 62 万美元，其中超过 85% 的部分为非住宿收益，戴通纳海滩贡献居首位。当地休闲、住宿行业提供了约 3.5 万就业岗位。

总体而言，戴通纳地区的全域旅游着重于围绕核心赛事活动的季节性旅游，而非常年稳定的客源。基于这一特征，戴通纳当地继续演绎以大型赛事、活动和节日为中心的推广思路，举办“自行车周”“自行车啤酒节”及各类主题化艺术节、车展等活动，致力于将戴通纳打造为佛罗里达的节日之都。

美国戴通纳海滩小镇发展路径分析

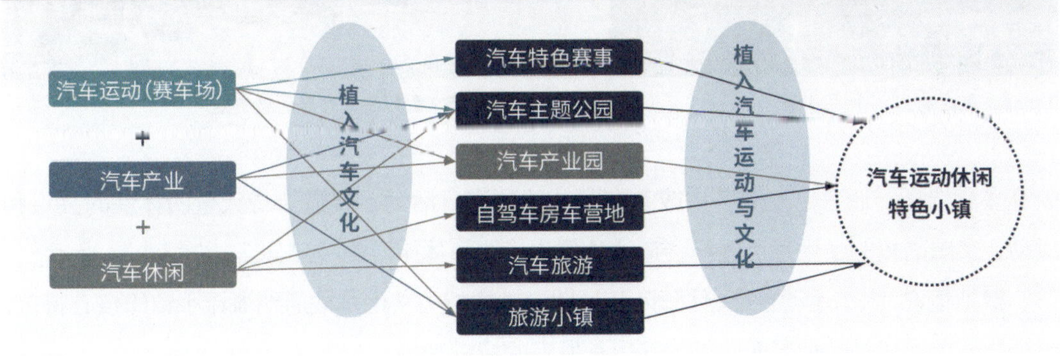

9.3 小镇核心区研究

9.3.1 汽车赛事和体验

戴通纳国际赛道长 4 千米，弯道最大横坡 31°，发车直线横坡 18°，是一条三角椭圆形高速赛道。该赛道照明设施完善，可举办夜间比赛。由于每年举办大量知名赛事，被誉为“世界赛车中心”。纳斯卡旗下顶级杯赛的赛季开幕战戴通纳 500 英里赛；纳斯卡杯赛的第二场比赛、起始于 1959 年的 400 英里赛；被誉为“耐力赛三顶王冠”①之一的戴通纳 24 小时耐力赛（24 Hours of Daytona），现属于由北美勒芒发展而来的卫士泰克跑车锦标赛（IMSA WeatherTech SportsCar Championship，IWSC）中的一站（图 9–6）；起始于 1937 年的戴通纳 200 英里摩托车公路赛、摩托车越野赛；除了主赛道隶属纳斯卡旗下的若干卡车赛、季前赛、资格赛、分站赛等比赛，内场和赛道外围广场也修建了专业的卡丁车场、越野赛道、跨界拉力赛道等其他类型汽车摩托车运动场地，举办土路卡丁车赛、平地摩托车赛等赛事。

以特色赛事为主导，场地向下兼容，开放各类体验活动。对普通游客，日常开放弗朗斯铜像、纳斯卡赛车、冠军步道等富有主题特色的参观景点；美国改装车比赛受众广泛，参与门槛低，因而赛道驾驶体验活动也广受欢迎，戴通纳国际赛道每年约 1/4 日期可向游客开放驾驶体验（图 9–7），包括限速的青少年驾驶、单人赛车驾驶、双人驾驶、陪同驾

① “耐力赛三顶王冠”指汽车耐力赛中的三场著名赛事，分别是戴通纳 24 小时耐力赛，赛百灵 12 小时耐力赛和勒芒 24 小时耐力赛——作者注。

图 9-6　戴通纳 24 小时耐力赛

图 9-7　改装车爱好者体验戴通纳赛道

驶等多种选择，还有定期向私人改装车开放的赛道日活动；赛道接待大量团体性的会议和活动，美国高校的学生甚至选择赛道体验作为毕业集体旅游的一部分。

概括地说，汽车运动赛事、体验以及长期形成的相关文化是戴通纳海滩小镇的核心特色，无论物质层面还是精神层面，都是其生长发育的持续动力。

9.3.2　娱乐、休闲与度假

戴通纳拥有主题乐园、水上乐园、艺术科学博物馆和海滩公园等休闲娱乐设施，海滩定期举办戏剧和集市。游客可在海滩进行钓鱼、游泳、划船和徒步旅行等休闲活动，租用渔船和车辆实现多样化体验（图 9-8）；在退潮期间，车辆甚至可在戴通纳平整坚硬的沙滩上驾驶，体验一百年前汽车运动早期在戴通纳海滩兴起时的场景。海滩娱乐区附近的码头修建了海滨长廊，可进行帆船、冲浪、帆板和滑水等水上活动。海滨公园的贝壳舞台则定期举行音乐会（图 9-9）。戴通纳海滩以北 57 公里是佛罗里达州的海洋公园。

海滩度假休闲是戴通纳除汽车运动之外的主打旅游特色，但与佛罗里达州其他海滩城市相较而言，活动项目趋于同质化，在质量与规模层面稍显竞争力不足。

图 9-8　戴通纳海滩旅游活动

图 9-9　戴通纳海滩音乐节集市

9.3.3 其他体育运动

戴通纳除汽车、摩托车运动外，还有其他特色体育运动，其中美国女子职业高尔夫协会（Ladies Professional Golf Association，LPGA）总部坐落于此，以举办面向世界各地女性高尔夫球手的LPGA巡回赛而闻名（图9-10）。美国女子职业高尔夫协会国际球场和戴通纳高尔夫俱乐部及球场是当地的专业高尔夫场地，每年举办多场国家和地区级赛事。另外，网球、英式足球、棒球、垒球也有相应设施和场地，以高校和当地小型俱乐部为主要受众和服务对象。

图9-10 美国女子职业高尔夫协会比赛

9.4 运行情况

以特色赛事促进城市发展的思路早在20世纪初就已受到欧美国家公认。戴通纳在20世纪即以官方组织民间力量培育赛事品牌，最终孕育出全球知名的纳斯卡比赛，获得了长效而积极的影响力，至今积累了非凡的城市知名度。

然而，从城市本身的发展来看，戴通纳并未完全激发作为改装车比赛“世界中心”的优势，缺乏特色产业支撑，匮乏关联业态，与同样拥有大型国际赛车场和经典赛事的斯皮德韦[①]相比，尚有很多提升空间。

9.4.1 赛事运营成熟

弗朗斯家族经营的国际赛车场公司（International Speedway Corporation）拥有戴通纳国际赛道、塔拉迪加超级赛道（Talladega Superspeedway）和达灵顿赛道（Darlington Raceway），财务分析显示其资本回报率一直高于平均水平，为股东带来了可观的现金收益。纳斯卡旗下温斯顿系列比赛每周末可吸引15万名观众，单场比赛常常超过5万人[②]。紧邻纳斯卡总部所在地的戴通纳国际赛道有16万个看台座位，内场可容纳数千人[③]。

---

① 见第9章。
② 数据来源：NASCAR。
③ BAADE RA, MATHESON V. High Octane？ Grading the economic impact of the Daytona 500[J]. Marq. Sports L. J, 2000（2）。

成熟的商业模式让纳斯卡形成了互利共赢的局面，赛事官方管理机构纳斯卡举办比赛和推广赛事，收益来自赛道方授权、系列赛事授权和企业赞助；车手收益在全美运动员中处最高收益水平，而收益的大部分来自商业营销而非汽车赛事本身；车队可售卖车身广告空间、技师队服等位置获得赞助，大幅降低了参与比赛的成本，吸引更多人才参与其中，从而获得了商业利益的客观规模和均衡分配，实现良性循环。

9.4.2 城市发展乏力

与纳斯卡成熟的商业运作模式形成鲜明对比的是戴通纳当地经济的萎靡。尽管汽车比赛带来的消费额备受瞩目，对当地经济的影响受到政府机构和经济学家的认可，但从长期来看，戴通纳并未因汽车运动激发出足够的发展潜力。

戴通纳当地失业率较高，人均收入低于美国平均水平[①]，出现这种情况的原因可能是戴通纳作为度假城市，当地居民很大一部分是退休的二套房业主，由此也带来了部分空城化问题（图 9-11）。一方面，戴通纳是典型的旅游度假城市，尽管能提供主题化、体验式的服务，但游客停留时间普遍不足；另一方面，戴通纳市场体量较小，缺乏能够联动和交流的大城市，被社会学家视为“封闭的社会”[②]，发展后劲薄弱。

图 9-11　戴通纳海滩街区

① 数据来源：BestPlaces，https://www.bestplaces.net。
② SNYDER R E. Daytona beach：a closed society[J]. The Florida Historical Quarterly，2002，81（2）：155-185。

美国改装车文化拥有广泛的基础，但大多数的改装车爱好者不会直接参与比赛，而是选择成为纳斯卡系列赛事、美国全国改装车（高速）协会（National Hot Rod Association，NHRA）系列比赛等改装车运动的忠实观众[①]。他们在参赛车辆的改装和相应表现中获得灵感，购买零配件对自己的车辆进行改进以增强性能。因而改装车比赛是带动汽车服务市场的有效途径，而戴通纳本地缺乏戴通纳汽车后市场的有效供给，对汽车相关服务产业重视不足，未能充分开发改装车爱好者、自驾旅游爱好者等客群对应的目标市场，总体创新能力不足。

由此可见，尽管戴通纳赛事旅游业繁荣，但城市的发展实际上严重依赖了戴通纳500等大型比赛带来的直接经济收益，并未对间接或潜在价值开展深层挖掘，缺乏适宜的引导和科学的分配，造成了业态形式单一、经济发展乏力的局面。

9.4.3 小镇旅游活力有待激发

戴通纳通常在比赛日与赛道活动日期间接待汽车、摩托车运动爱好者游客，在节假日接待海滩休闲度假游客；春季许多会议聚集于此，随之而来的是会议旅游人群；深秋与初冬通常迎接来自加拿大的度假游客；此外，还有被老爷车活动吸引而来的老爷车爱好者等特定旅游客群。

戴通纳的人气与商机吸引了大批投资者，但由于当地管理者较为闭塞守旧的管理方式，许多高档酒店和外来零售业主被拒之门外，当地休闲方式相对佛罗里达州其他地区较匮乏单一[②]。基于以上原因，戴通纳海滩的旅游业出现了以下特征。

（1）旅游市场波动较大，全年性的长期稳定客源占比低。

（2）游客停留时间短，拥有闲暇时间的游客倾向于慕名而来，享受一日游或半日游。

（3）由于缺乏科学的市场化运营，旅游区新业务匮乏，设施更新缓慢。

（4）周边地区旅游业发达，加重了戴通纳海滩的客源分流，当地餐饮、住宿等服务业态缺乏人气。

近年来，在有关专家的策划和设计下，戴通纳海滩逐渐升级转型，采取开放的姿态吸纳外来投资，拆除废旧建筑改善城市风貌，以科学化城市管理增强街区活力。在此基础上，致力于开发周到而多样的旅游产品，全面丰富从平民化近郊游的休闲、轻娱乐活动到中产阶级消费者的高端度假旅游产品。在一系列举措下，当地旅游市场得到了改善，2019年3月，戴通纳海滩旅游住宿入住率上升到84%，达到自2003年以来的最高水平[③]。

① David N. Lucsko，Automobile Racing and the American Hot Rod。
② SNYDER RE. Daytona beach：a closed society[J]. The Florida Historical Quarterly，2002，81（2）：155-185。
③ 数据来源：Daytona Beach Convention and Visitors Bureau Official。

汽车运动休闲
特色小镇元素分析
Daytona Beach
美国戴通纳海滩小镇
MOTORSPORTS & LEISURE CHARACTERISTIC TOWN
FACTOR ANALYSIS
核心元素 CORE ELEMENT
可选元素 OPTIONAL ELEMENT
戴通纳24小时耐力赛
戴通纳速度周
纳斯卡改装车比赛
支撑
产业
Autonomous Driving
新兴产业
休闲产业
体育产业
文化产业
农林产业
汽车产业
汽车
运动
国际赛车场
城市汽车街道赛
驾驶体验
卡丁车运动
耐力赛
跨界拉力
城市SUV体验
直线竞速
车手培训
大众赛车
特色旅游
自然风光
历史人文
其他运动
教育培训
技术研发
汽车
文化
汽车科普
汽车艺术
汽车展览
节日活动
汽车
休闲
汽车营地
汽车旅游
城镇
发展
人口
土地
经济发展

10 英国“赛车谷”

这趟列车非常方便，开车后半小时用晚餐，晚餐后还有半小时休息。我们不用像马奇曼夫人当年那样，还要换乘支线列车，而是在中转站与另一辆列车合并。我们驶出帕丁顿车站时，夜幕降临。起初，城市的辉煌灯火被郊区的零星灯光取代，最后零星的郊区灯光淹没在荒野的无尽黑暗里。

——【英】伊夫林·沃《故园风雨后》

10.1 发展背景与资源禀赋

英国的赛车产业发达，是全球各大汽车赛事中很多主要供应商的总部所在地。其中，位于英格兰中部银石赛道附近、牛津郡（Oxfordshire）与北安普顿郡（Northamptonshire）一带地区由于赛车工程技术部门高度集聚，被称为“赛车谷”。但在规模和分布上相对其他小镇而言更加分散（图 10-1）。

牛津郡是位于英格兰东南部的内陆郡，具有温和的海洋性气候，夏季温暖而冬季凉爽，全年降雨均匀，很少遇到极端天气①，且自然环境优美，为旅游产业发展提供了优良条件。牛津郡历史悠久，人口密度较低，产业结构多元，既是英国著名的教育重镇，也拥有发达的高技术产业和旅游业，尤其在科技研发、汽车制造、高性能汽车运动和生物科技产业形成集聚。牛津郡在中世纪通过羊毛贸易积攒了大量财富②，19 世纪 10 年代，莫里斯汽车公司在牛津郡成立（图 10-2），此后工业占当地产业规模比例逐渐提高。尽管在占地空间上看农业仍占据绝对优势，但文化产业、工业、手工业和旅游业也居于重要地位，且占地区生产总值比例不断上升。

图 10-1　赛车谷（银石赛道附近）

① 数据来源：Met Office，https://www.metoffice.gov.uk。
② A History of the County of Oxford：Volume 2. Originally published by Victoria County History，London，1907。

北安普顿郡是位于英格兰东部的内陆郡，气候与牛津郡类似，人口密度较低，历史上曾以轻工业和手工制造业闻名于世，农业同样占据大片区域。进入20世纪，北安普顿郡逐渐发展出汽车运动的全球性产业集群。第二次世界大战后，伴随银石赛车场的建设，旅游产业也逐渐发展。20世纪末北安普顿郡又建设了一座国际赛车场诺丁汉赛车场，开放一段时间后被重新开发为汽车工业的物流中心。除原有的优势产业外，北安普顿郡近年来对全域旅游的重视程度有所提高。

图 10-2　莫里斯 Minor 车型成为英国第一款销量超百万车型

10.2 发展路径分析

英国赛车谷的发展是在产业基础的前提下，从汽车运动出发，以汽车赛事为空间中心逐渐集聚赛车产业，形成一定规模，融入汽车运动文化，最终形成小镇的典型案例。

10.2.1 从汽车运动出发

第二次世界大战后，银石一带汇聚了许多擅长建造小型军用飞机的航空工程师，由于航空飞机需求量减少，转而制造小型汽车，尤以性能优越的赛车为主，当地闲置的军用机场恰好为汽车测试和比赛提供了理想的场所和条件。

汽车运动在当地具备一定的发展基础，当地居民会自发组织在一起比赛驾驶。1947年，银石村十余位村民集结在当地一处废弃的军用机场进行比赛，因为撞死一头绵羊，这场比赛被戏称为“绵羊大奖赛”。汽车运动在当地的影响力吸引了英国皇家汽车俱乐部的注意，在战后急需恢复英国汽车大奖赛、已建国际赛道已无法使用的背景下，银石的军用机场被改造为专业赛道，并在1948年举办了英国大奖赛，1950年举办第一届世界一级方程式锦标赛的开幕战（图10-3）。银石赛道至今仍作为F1英国大奖赛举办地，成为F1历史上最古老的赛道之一。

图 10-3　1950 年第一场 F1 大奖赛

10.2.2 以赛车产业突出地位

随着F1持续而深远的影响力作用和当地汽车制造业逐渐发展，大量赛车及相关服务供应商被吸引。20世纪60年代末，一群英国企业家、汽车工程师、汽车设计师和前国际汽车联合会主席马克斯·莫斯利（Max Moseley）共同在北牛津郡成立了玛驰工程公司，生产包括一级方程式在内的各类赛车。随后威廉姆斯、布拉汉姆、迈凯伦等车队也纷纷在附近设立公司或工厂。F1参赛队伍半数以上将研发测试基地设在牛津郡与北安普顿郡一带，其中包括了F1七连冠[①]车队梅赛德斯－奔驰车队。牛顿郡—北安普敦郡一带形成了赛车产业集群"赛车谷"，意为赛车产业的硅谷（图10-4）。

图10-4 赛车谷工业集群

1994年，英国赛车界的代表人物致力于强化汽车运动产业的联合力量，共同组成了行业联合会——赛车运动工业协会（Motorsport Industry Association，MIA），总部位于沃里克郡（北安普顿郡西北邻郡）。这是一家服务于汽车运动产业的全球性贸易协会，成员来自汽车运动相关的不同部门，包括高性能汽车工程与性能调校企业、比赛车队、汽车赛事管理机构、赛车服务业、汽车运动相关研究机构、赛车场、高校与科研单位等（图10-5）。在开拓市场方面，协会与政府主管部门开展交流，与本土企业密切合作，服务和

图10-5 赛车运动工业协会标志

① 截至2020年，为2014—2020年——作者注。

帮助有意发展汽车运动产业的地区，为其引入资源和渠道，还会开展汽车运动相关的教育活动，推广清洁能源和节能技术等面向未来的理念，促进汽车运动中的技术向汽车、国防、海洋与航空航天领域的成果转化[①]。

作为平台的“赛车谷”为英国汽车运动产业的集群与联动提供了便利，在通信发达、交通便捷的优势下，“赛车谷”的实力日趋强劲，在世界汽车运动界占据着独一无二、不可动摇的地位。

英国“赛车谷”发展路径分析

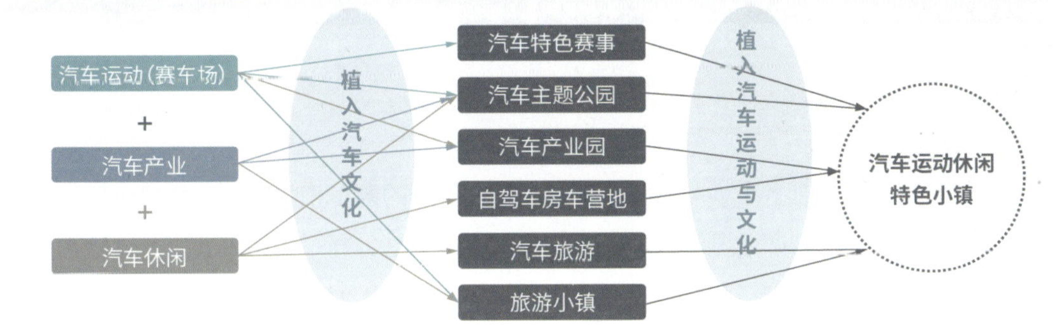

10.3 小镇核心区研究

10.3.1 汽车运动

银石赛车场既举办 F1 英国大奖赛、MotoGP 英国大奖赛、古董车赛、英国超跑锦标赛（British GT Championship）、英国房车锦标赛（British Touring Car Championship）、英国摩托车锦标赛（British Superbike Championship）等高规格比赛，也向爱好者和非专业车手开放 750 赛车俱乐部（750 Motor Club）等非精英、体验式赛车活动。

在驾驶体验方面，银石赛车场拥有会员制、团体制和个人定制等多种形式。银石赛车俱乐部为汽车运动爱好者会员提供服务与社交平台，享受比赛期间的专属看台和消费优惠，可在定期举办的会员活动中体验赛道；团队体验可同时供 12 人的团队使用，低于要求人数可拼团加入，提供课程培训、专业设备租赁、专业讲解、团体餐饮、团队活动场地和策划等全系列服务，可体验驾驶的车辆选择从房车到超跑不一而足；个人定制赛道体验拥有近 20 种车型可供选择，包括开轮式赛车、量产车、跑车、全地形车、漂移赛车等，项目则涵盖赛道体验、赛道竞速驾驶、直线竞速、汽车漂移和特技驾驶体验培训等十余种（图 10-6）。

① Lawrence Barretto. Britain’s Motorsport Valley - the home of Formula 1. BBC Sport. 26 June 2013。

图 10-6 银石赛道体验

10.3.2 科研教育

赛车谷及周边拥有多家赛车学校、高校和研究机构的赛车相关部门，科技研发与科普研学并线发展，为赛车产业提供源源不断的技术研发支持。赛车谷一带聚集了大量高校可提供适应行业具体需求的赛车相关专业学位，如华威大学（Warwick University）、考文垂大学（Coventry University）、牛津布鲁克斯大学（Oxford Brookes University）等，这类学位的课程设置注重实践环节，通常在学校课程的基础上要求为期一年的实践学习，这样的课程体系设计也为企业的后续人才提供了保障①。

位于银石赛道北部的国家汽车运动学院（National College for Motorsport）成立于2003年，后成为英国著名继续教育学院贝德福学院的一部分，地理位置位于赛车谷腹地，是赛车相关职业的教育中心，提供专业赛车技师培训以满足专业赛车工业的需求，拥有全日制和学徒制等修业形式，银石赛道是学院的实践地点之一，可辅助学院为学生提供比赛见习机会和车队实习资格（图 10-7）。

银石赛道运营方建立了银石赛车学院，提供高质量的专业培训，根据个人能力量身定制不同赛道路线组合。学院针对希望成为赛车手的人群，开放了专业比赛执照和专业比赛教练的培训和考核，培训涉及理论学习和实践环节，是赛道常年提供的服务项目。

图 10-7 赛车专业培训

① The Fascinating World of Motorsport Valley®：7 Amazing Facts. https：//www.oxford-royale.com/。

10.3.3 赛车产业

赛车谷最鲜明的产业特色，是围绕赛车兴起的“家庭工业”，相比较欧洲其他国家由车队或厂商自行开发所有部件的做法，英国车队则倾向于在供应商开发创意子系统方面提供更大的自由度，这样的做法将更多选择权留给在专业领域更熟悉的供应商，为创新提供了更多实现的可能和条件。自 20 世纪 80 年代以来，主流的汽车制造商已将很大一部分研发工作转移至专业供应商。赛车谷以鲜明的创新能力和技术优势，逐步巩固了它在赛车运动各个领域的关键地位。

图 10-8 梅赛德斯 F1 车队在银石发布 2018 年赛季新车 W09 EQ Power+

以 2020 赛季 F1 为例，10 个车队中有 7 个总部设立在赛车谷一带，包括梅赛德斯车队、迈凯伦车队、红牛车队、雷诺运动车队、哈斯车队、威廉姆斯车队和赛点车队（图 10-8）。集聚于赛车谷的大量汽车运动产业公司为一级方程式赛车提供尖端技术，并在当今世界大多数赛车项目所使用的零部件的设计和制造中占据主导地位。赛车谷已成为世界公认的尖端制造、高新技术、高水平技能和服务解决方案的中心，这一领先的国际地位进而吸引了更多具备竞争力、试图获得更多竞争优势的企业，甚至包括国防、航空航天、海洋和医疗等行业领域的公司前来驻扎，期待利用汽车运动相关的研发成果突破技术瓶颈，提升自身实力。

图 10-9 在银石举办的英国复古赛车嘉年华

10.3.4 特色旅游

银石注重文化宣传，持续举办经典车展、主题嘉年华等活动，发展特色旅游（图 10-9）。2020 年年初，银石体验博物馆（Silverstone Experience Museum）建成开放（图 10-10），提供集合新技术的综合

图 10-10 银石体验博物馆

性展览，介绍英国赛车历史，存放和展示英国赛车手俱乐部档案（图 10-11），并为游客提供亲身体验汽车运动与文化的机会（图 10-12）。

为解决大型活动期间游客的住宿问题，银石在开放露营地（图 10-13）的同时，与周边地区酒店合作，游客可利用赛道官方平台寻找和预订需要的酒店。此外，银石利用大片闲置地块逐渐进行服务的开

图 10-11　英国赛车历史档案

图 10-12　银石体验博物馆体验项目

图 10-13　银石赛道露营地

图 10-14 赛车谷地区特色农业

发和升级。赛车场将在赛道边建成高标准的希尔顿旗舰酒店，拥有近 200 间客房，房间露台可直接观赛。入住酒店可享受关于英国赛车历史的主题旅游；面向更高级别客群规划设计的“英国赛车之家”是毗邻赛道的豪华住宅与高端会所住宅区，拥有可接近赛道的悬挑露台，隔音效果出色。当地业主可优惠预订赛道活动或场地租赁，享受汽车运动主题旅游项目，使用专属的赛车场俱乐部会所，也可在大型比赛期间作为民宿出租获得可观收益。

基于发达的赛车工业，赛车谷也自主开发了一系列工业旅游项目，迈凯伦等著名工厂可提供参观服务；并着力开发占据地区面积最大比例的农田，已发展成为成熟的特色观光农业，城市农场等业态已形成规模（图 10-14）。

赛车谷涉及的地方行政主管部门正在实施伦敦周边计划，将目光投向大伦敦都市圈，以减税免税、优化交通、举办活动、完善产品服务等方式为引入更大规模的客群创造积极的外部条件。

10.4 运营情况

赛车谷一带除驻扎的著名车队外，还汇聚了约 4500 家赛车及相关领域公司汇聚，其中约 87% 的公司出口产品或服务，共提供至少 4 万个就业岗位，其中包括 2.5 万名高性能汽车工程师等高技术人才①。赛车谷的年销售额超过 90 亿英镑，其中大部分来自出口，让英国在世界赛车运动产业领域占据绝对话语权，赛车谷也成为英国经济附加值的主要来源②，被称为英国先进工程技术领域“皇冠上的宝石”。

赛车运动也为未来技术提供了实验室。在先进技术上的巨额投资，可以被领先汽车制造商利用，以加速新一代汽车的研发生产。因而世界各大汽车厂商如捷豹、路虎、宾利、福特、日产、本田、宝马、大众、雷诺、奔驰等国际知名汽车主机厂均对这一创新集群产生了浓厚兴趣，积极寻求与赛车谷的合作和关联，进一步扩大以赛车谷为代表的英国赛车产业在全球的影响力。根据对赛车工程公司调查显示，节能与低碳技术被公认为未来发展的高地，

① 来自 Preston Mobility Reimagined 引用的官方数据。
② 来自赛车运动工业协会（MIA）2013 年统计数据。

在汽车、国防和航空航天工业中，赛车工程开发可获得的机遇将越来越多，为赛车谷的发展提供永续的动力。

赛车谷的发展受到英国政府的高度支持，利用赛车领域高度创新和持续发展的领衔能力，支持其与其他工业部门合作，最终加强英国作为全球节能技术发展中心的地位。在赛车产业经济的发展方面，中央与地方政府也给予大量支持，使得赛车谷在担任专业领域领衔者的同时成为成功的出口商。由政府牵头，“赛车谷创客平台”（Motorsport Valley Launchpad）项目为整个集群的公司提供了 114 万英镑的资金，以帮助加速创新节能技术的发展和在相关行业的应用。政府的研发税收抵免计划，旨在帮助赛车谷中小企业保持高水平的年度研发支出、支持创新和在该领域发展竞争优势，产生了积极长效的影响，显著提高了英国赛车产业的全球竞争力。

在可持续发展方面，英国政府注重未来人才的培养，全英国已有约 30 所大学、140 所继续教育学院和数百所学校可提供专业的赛车相关课程，为赛车谷和英国汽车运动产业提供充实的后备力量。

银石赛车场作为著名的汽车运动圣地，持续开发和创新特色旅游项目。2020 年年底，处于疫情防控期间的银石减少了人群大规模聚集的活动和赛事，举办了无接触、以家庭和私家车为单位、持续时间约 1 个月的特色旅游活动“LAP LAND”（图 10–15），家庭可自

图 10–15　银石赛车场 2020 年“LAP LAND”活动

行驾车进入赛车场体验赛道，观看演出，参与灯光秀、汽车影院、赛道巡游等主题节日活动，既尽可能降低了疫情传播的风险，也突出了汽车运动文化特色。

赛车场周边将开发特色高端度假区，以俯瞰赛道的视角、便捷的交通、完善的装修、专属的赛道体验服务吸引业主，配套服务和设施也将逐渐优化，进一步吸纳人气。大型比赛期间，除民宿外，官方在赛道周边建设有豪华野营（Luxury Glamping）与预搭帐篷，并配备水、电、淋浴、便利店和餐饮吧等健全的设施与服务；自由营地提供不同规格的营位，供游客自驾前来露营，亦有相应的公共水池、免费无线网络、电视直播等服务；官方网站提供住宿和酒店的预定渠道。这些以用户为中心而开发的个性化、多样化的旅游产品，不仅提升了体验质量，也提供了就业岗位，促进新业态的形成和汇聚。

汽车运动休闲
特色小镇元素分析
Motor Valley
英国"赛车谷"
MOTORSPORTS & LEISURE CHARACTERISTIC TOWN
FACTOR ANALYSIS
F1历史上最古老的赛道
"赛车产业的硅谷"
赛车运动工业协会
英国先进工程技术"皇冠上的宝石"
核心元素 CORE ELEMENT
可选元素 OPTIONAL ELEMENT
支撑产业
汽车运动
汽车文化
汽车休闲
城镇发展
新兴产业
休闲产业
体育产业
文化产业
农林产业
汽车产业
……
国际赛车场
城市汽车街道赛
驾驶体验
卡丁车运动
耐力赛
跨界拉力
城市SUV体验
直线竞速
拉力、越野
大众赛车
特色旅游
自然风光
历史人文
其他运动
教育培训
技术研发
汽车科普
汽车艺术
汽车展览
节日活动
汽车营地
汽车旅游
人口
土地
经济发展

11 德国沃尔夫斯堡

人们发现，20世纪那“即将到来的全新信仰”是科技驱动下贪婪的消费主义，它经包豪斯这类时尚设计学校包装，一种通常被称为现代主义的审美趣味，不拘小节，品味高雅。大众汽车的“甲壳虫”、万向灯、企鹅图书的早期封面、1960年代的铅笔裙，还有纽约现代艺术博物馆、古根海姆和泰特现代美术馆的大面积白色空间，以及太空时代的流线型美感，都正合现代主义的胃口。

——【英】威尔·贡培兹《现代艺术150年》

11.1 发展背景与资源禀赋

沃尔夫斯堡（Wolfsburg）（图 11-1）位于德国下萨克森州密特兰运河沿岸（Mittelland Canal），距下萨克森州首府汉诺威约 75 千米，面积为 20461 公顷。人口约 12 万，其中 19 万人非德国籍（2019 年）[①]。全年温度适宜，降水量较少，自然资源丰富，生态环境良好。

图 11-1　沃尔夫斯堡鸟瞰

沃尔夫斯堡市是全球最大的工业厂商之一——德国大众汽车公司的总部所在地，1938 年建市，至今不足百年。依托汽车工业的城市发展背景和精细的城市基础设施建设造就了现代化、充满创新活力的城市特性。各级公共交通便捷，公路、铁路网将沃尔夫斯堡与柏林、汉诺威等邻近大型城市连接起来（图 11-2）。

图 11-2　沃尔夫斯堡的城际铁路

① Stadt Wolfsburg - Einwohnermelderegister。

11.2 发展路径分析

11.2.1 从汽车产业出发

沃尔夫斯堡属于从汽车产业出发的汽车运动休闲特色小镇，既是政策、资本和民间智慧共同作用的产物，也是城镇与产业共同发育的典型案例。其建立和发展具有一定的历史特殊性。

图 11-3 1938 年大众甲壳虫汽车建厂

在 20 世纪 30 年代之前，该地是典型的德国村庄，沃尔夫斯堡附近第一个定居点赫斯林根村（Hesslingen）的出现可追溯到公元 700 年[①]。20 世纪 30 年代，时任德国元首的希特勒为振兴德国经济，提出“国民汽车”的概念，向公众承诺生产一种人人买得起的汽车，为响应这一要求，德国汽车设计师、保时捷品牌创始人费迪南德·保时捷（Ferdinand Porsche）在 1937 年设计了初代“甲壳虫”汽车（图 11-3）。为了批量生产这种汽车，于次年成立大众汽车公司，工厂选址在下萨克森州东南部交通便捷的地带，即今日的沃尔大斯堡市。1938 年，这里建立了以大众汽车工厂为主导的工业社区，7 月正式建市，命名为“法勒斯本甲壳虫汽车镇”（Stadt des KdF-Wagens bei Fallersleben），第二次世界大战结束后的 1945 年更名为与该市著名城堡同名的“沃尔大斯堡”。

20 世纪 40 年代，作为代表德国先进工业力量的试验性城市，曾以当时先进的城市规划理念制定大量规划，但未能顺利实施；20 世纪 50 年代后，大众公司在成功的运营下力挽狂澜，成为德国引以为豪的民族企业，沃尔夫斯堡的发展与大众公司密切相关。得益于汽车产能的增加，沃尔夫斯堡吸纳了大量外来人口，对城市的文化和风貌产生了持久影响（图 11-4）。

图 11-4 大众汽车工厂为沃尔夫斯堡吸纳大量人口

① Wolfsburg - Encyclopedia Britannica. Encyclopedia Britannica，inc. June 17，2011。

图 11-5　大众汽车主题公园“汽车城”

11.2.2　以服务和体验形成独特文化

20 世纪下半叶，沃尔夫斯堡凭借汽车产业迅速崛起，而真正促使其成为特色小镇的是“汽车城”于世纪之交的建设和开放。2000 年，以汉诺威世博会作为契机，大众汽车公司有意将沃尔夫斯堡打造为面向全球顾客的品牌体验与服务中心，大众汽车主题公园“汽车城”（Autostadt）建成，它作为沃尔夫斯堡大众汽车工厂总部面向潜在客户开放的服务平台，是一个集多种元素于一体的前沿景点（图 11-5）。大众汽车工厂与大众汽车城作为小镇的核心部分，经过政府与企业合作的精心打造，与具有特色的艾尔勒休闲公园、美术馆、艺术博物馆等旅游休闲资源形成联动，共同使沃尔夫斯堡成为具有标志性的国际性旅游目的地（图 11-6）。

针对未来的发展，沃尔夫斯堡设立了“未来宜居城市”的规划愿景，鼓励居民和游客参与生活各个领域的现代化解决方案，培育富有生命力的城市文化。

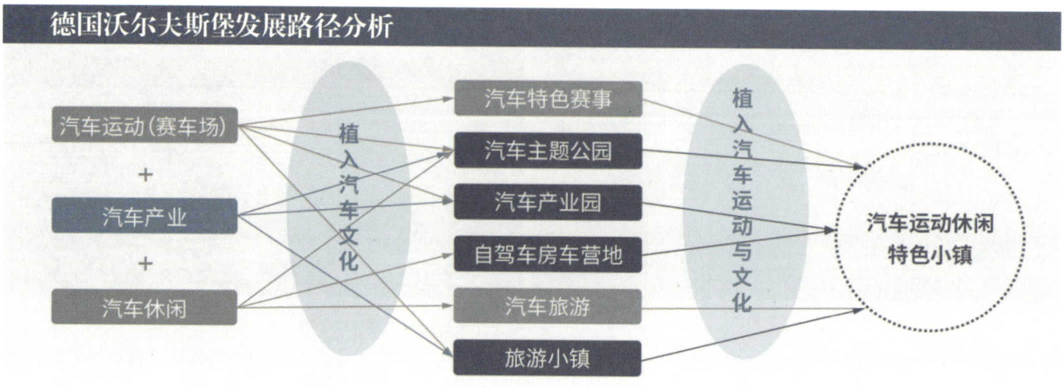

图 11-6 汽车城与大众汽车厂区

11.3 小镇核心区研究

11.3.1 品牌体验与服务

小镇着重关注品牌的形象塑造，鼓励消费者与潜在客户亲身前来总部所在地感受体验式服务。因此，利用高科技工厂的现有基础和总部的服务文化，开放了车主取车与大众参观的窗口，既可以高效集约地为客户提供精致可靠的服务，也为沃尔夫斯堡带来了消费能力强、用户黏度高的旅游客群，无形中拉动了地方经济。

沃尔夫斯堡的大众工厂占地 5 平方公里，是全球规模最大、技术最先进的汽车生产设施之一。游客可通过预约参观工厂观看汽车装配的全流程，内容包括每天加工 1 500 吨钣金的冲压车间、自动车身车间、油漆车间和装配线等（图 11–7）。在工厂不开放参观的时段，游客也可在主题电影院观看相应内容的纪录电影。

图 11–7 沃尔夫斯堡大众工厂参观

主题公园汽车城拥有驾驶体验、互动

图 11-8　汽车塔

图 11-9　输送通道与汽车塔

科普、主题娱乐及人文艺术等项目，将客户体验升级到极致。其中大众公司申请专利的汽车城地标“汽车塔”（图 11-8），可向大众新车主提供取车服务。即将交付的大众汽车沿着一条 700 米长的玻璃隧道从工厂自动运到两个 48 米高的塔身里（图 11-9），车主可进入汽车塔取车，游客也可通过升降机参观汽车塔全貌。两座汽车塔分别可容纳 400 辆汽车，每天通过汽车塔交付的汽车超过 500 辆（2019 年）。汽车塔的设计新颖独特，使用世界最快的自动停车系统——汽车塔架运输技术，将服务体验感提升到极致，也成为沃尔夫斯堡的形象代言（图 11-10）。

图 11-10　汽车塔内部的塔架运输

园区内部同时提供大众新能源车辆游览套餐，可租借大众最新款的新能源汽车游玩汽车城、参观工厂，也可在大众主题餐厅、酒店与商店享受消费折扣，全方位感受渗透品牌文化和未来理念的汽车生活。

11.3.2　驾驶体验与培训

在品牌服务的基础上，汽车城的铁路沿线建设了专为驾驶体验设计的长约 1.7 千米的驾驶体验路，汽车城中还建设了专门的多种地形体验场，可用于不同车型和不同难度等级的无车损越野体验、驾驶学习和安全驾驶培训，其中越野赛道长约 1 千米，涵盖涉水、台阶、活板、山坡等驾驶项目，供大众品牌的部分越野、皮卡车型在专业人员引导下体验（图 11-11）。在课程设置方面，汽车城开发了一系列针对不同人群需求的安全培训课程，包括常规安全培训、德国道路安全委员会（DVR）标准认证安全培训、女性驾驶员安全培训、

图 11-11 无车损越野体验

图 11-12 驾驶培训与体验

图 11-13 汽车城园林景观

高龄驾驶员培训和摩托车训练等，课程拥有丰富的场景组合，由专业指导教练提供教学、驾驶演示或乘坐感受（图 11-12）。

除了可以为新车主提供专门的驾驶体验培训外，汽车城的园林景观设计也充分渗透了体验的理念（图 11-13），在新车主驾驶新车驶出园林的道路上，路面被分割为不同材质的铺地，车主从而亲历不同道路上的驾驶感受，能更快地适应新车，这些实用性与美观并存的设计展示和塑造了汽车城的服务特色（图 11-14）。

11.3.3 汽车文化展示与推广

汽车博物馆（ZeitHaus）坐落于大众汽车城主题公园，根据生产方法、设计理念、外观或车辆技术等标准，挑选并展示了代表汽

图 11-14 多种路面材料体验铺地

图 11-15 大众汽车博物馆

车进化飞跃的划时代车辆，以来自 60 多个不同品牌的 260 多辆展车记录汽车运动 130 年的历史（图 11-15）。其中也包括了由费迪南德·保时捷亲自驾驶的第一辆大众甲壳虫等经典古董车，展品定期更换，部分展车还会参与集会和游行活动。汽车博物馆特别设立未来前景展览，利用三维全息技术、概念车展品、交互体验等方式，展示在设计理念、技术与社会的变革驱动下未来城市出行的各种可能（图 11-16）。

图 11-16 大众汽车博物馆未来前景展览

主题公园中的七个独立展馆可展现大众旗下品牌历史沿革、产品理念和最新车型，是汽车城标志性特色之一。以保时捷馆为例，展览馆由巨大洁白的混凝土壳体结构展示了科技与力量之美，内部圆形展厅展示了保时捷历史经典车型与当前主力车型，以交互的形式介绍保时捷汽车历史事迹、保时捷汽车品牌的发展过程与品牌创始人费迪南德·保时捷（Ferdinand Porsche）的生平（图 11-17）。大众汽车发展馆、高级俱乐部（原宾利馆）（图 11-18）、兰博基尼展览馆、奥迪展览馆、斯柯达馆和西雅特馆等其他展馆各具特色，以多样形式展示相应的品牌文化和设计理念。

图 11-17 保时捷馆

图 11-18 高级俱乐部（原宾利馆）

图 11-19 体验工作坊

展示中心二楼是大众概念汽车的体验工作坊，关于新能源概念车的展示和科普通过增强现实（AR）技术实现互动，游客可体验工作坊设计概念车型的流程，通过 AR 等新技术了解各个关键模块的技术功能，查看碳排放指标，领略未来新能源汽车生活（图 11-19）。

11.3.4 足球运动、水上运动与休闲

艾尔勒公园（Allerpark）是大众公司与当地政府合作、为提高沃尔夫斯堡生活质量和综合实力而建设的成果之一，是德国最大的公共休闲区，面积为 130 公顷，始建于 1969 年（图 11-20）。园中艾尔湖是调整水系后形成的人工湖，周边绿植环绕，作为狼堡女子足球队、

图 11-20 艾尔勒公园

曾经获得德甲冠军的沃尔夫斯堡足球俱乐部（VfL Wolfsburg）主场的大众汽车竞技场也坐落在公园中（图 11-21）。公园拥有超过 30 个运动休闲设施，包括内湖浴场、帆船、划艇、赛艇、人工沙滩、沙滩排球场、冰上曲棍球场、游泳馆、保龄球馆、高空绳索（High Ropes course）、滑板运动场和高尔夫球场等，艾尔勒公园距离市中心仅 15 分钟步行路程，是市区居民的首选娱乐场所。

图 11-21　2009 年 5 月大众竞技场，多特蒙德对阵沃尔夫斯堡

11.3.5　科研教育与普及

沃尔夫斯堡当地注重科研与教育，积极展示着引领高精尖技术前沿的姿态，以及面向未来转型的趋向和决心。“汽车城”的内容设计中注重研学、教育和科普，各项目随处可见汽车前沿科技的展示。沃尔夫斯堡拥有从幼儿园、学前班、大中小学到成人教育的完善教育体系，也是奥斯特法利亚应用科技大学（Ostfalia University of Applied Science）沃尔夫斯堡校区的所在地，该校区设有商学院、公共卫生服务学院和汽车工程学院（图 11-22）。

沃尔夫斯堡建有相当数量的兼具科学研究、科学普及和观赏休闲功能的场所，如沃尔夫斯堡天文馆（图 11-23）、菲诺科学中心（图 11-24）等。菲诺科学中心紧邻中央火车站，是沃尔夫斯堡对外展示的标志性景观。场馆由著名建筑设计师扎哈·哈迪德（Zaha Hadid）设计（图 11-25），布展内容遵循帮助儿童寓教于乐的原则，包含 350 余个老少皆宜的可互动科学项目。

图 11-22　奥斯特法利亚应用科技大学沃尔夫斯堡校区

图 11-23　沃尔夫斯堡天文馆体验项目“星空直播”

图 11-24 菲诺科学中心

图 11-25 菲诺科学中心灰空间

11.3.6 艺术人文

汽车城的设计结合了科技与园林艺术，并以动态的方式定期更新园内景观和艺术装置，举办主题性的艺术节日活动。自 2003 年起，汽车城每年举办“舞动”国际舞蹈节（Movimentos）。在连续几周时间里，来自世界各地的艺术家到此进行舞蹈表演、先锋戏剧、音乐会、艺术工作坊、剧本朗读会、电影展映等活动，也向儿童、青少年等特定人群开放课程和工作室，吸引了来自不同国家和地区的艺术爱好者前来观赏和体验（图 11-26）。

图 11-26 2018 年“舞动”国际舞蹈节作品《16 + a room》

图 11-27 沃尔夫斯堡宫（今市立美术馆）

沃尔夫斯堡作为只有近 80 年历史的城市，其艺术收藏契合了城市性格，以现代艺术和当代艺术为主。城市的艺术主阵地沃尔夫斯堡艺术博物馆于 1994 年建立。收藏了兴起于 20 世纪 60 年代意大利的贫穷艺术（Arte Povera）、概念艺术和极简派艺术等大量作品。除了馆藏品外，艺术馆定期举办主题性的临时展览，不仅对艺术爱好者与普通游客产生吸引力并维持长期黏度，也让沃尔夫斯堡成为前沿艺术的重要阵地，年吸引游客量约 6.5 万人次。沃尔夫斯堡宫后被改造成为市立美术馆，是新生代艺术家的活动中心（图 11-27）。

11.3.7 自然生态与历史遗产

沃尔夫斯堡生态条件良好，遵循“绿色城市”的城市规划理念，也体现了政府对高质量休闲娱乐的重视（图 11–28）。在经济实力强劲的同时，森林和休闲区面积覆盖了整个城市的近 30 %。西南方向布劳恩施威格沿途建有艾斯霍夫动物园，1968 年首次开放，在大片自然栖息地里，生活着包括本土原生物种在内的 260 多种动物。在动物园的水下工作站中，游客可通过大片玻璃观察到池塘水面下三米深处的淡水物种，一切设计都最大程度与本土生态景观实现互动。

图 11–28 园林景观

人文历史遗产可追溯至中世纪。法勒斯雷本城堡（Fallersleben）是 1521 年布伦瑞克 – 吕内堡公爵弗朗西斯下令建造的一座文艺复兴时期的宫殿。18 世纪末，成为《德意志之歌》作者、诗人奥古斯特 · 海因里希 · 霍夫曼 · 冯 · 法勒斯勒的出生地。始建于 1371 年的中世纪古堡伯格纽豪斯（Burg Neuhaus）城堡是德国北部保存最完好的护城河城堡之一，如今是沃尔斯堡市政府办公室所在地，开设城堡博物馆，同时作为公共活动场所定期举办特色演出与节日活动。

11.4 运行情况

鉴于大众公司对于德国非同一般的地位，德国出台了以 1960 年《大众法》为代表的一系列保护政策，保证大众不被国外公司收购，其中规定任何股东表决权不超过 20%，而下萨克森州政府拥有大众公司 20% 股份与表决权，以这种方式保证政府对大众汽车的控制权。尽管欧盟在 2007 年宣布就《大众法》违反欧盟的资本自由流动原则而对德国进行处罚，但德国并未真正接受裁决和协商，《大众法》中所体现的对大众公司的保护也一直延续下来。无论这些做法是否得当，社会资本与政府的合作成果具体而真实地反映在沃尔夫斯堡的飞速发展中。

沃尔夫斯堡是城镇依托产业发展的汽车运动休闲特色小镇典型案例。在沃尔夫斯堡，60% 的员工从事机械工程、电信行业或信息技术服务等面向未来的行业，这一指标的全国平均水平为 13%。工程师的比例为 12.2%，远高于德国其他城市的平均水平 3.1%。不仅如此，沃尔夫斯堡也在积极探求未来科技的研发与转化，教育和研究引领行业发展，注重创新和实践。

根据2018年12月31日的统计数据，在总人口数的125 408人中，共有120 757人注册支付社会保障缴款。为了给城市中约78 000多名就业人员提供有吸引力的住房选择，沃尔夫斯堡于2012年发起一项住房建设计划。至2025年，计划至少建造10 000个新的住宅单元①。以人均经济实力为指标衡量，沃尔夫斯堡已成为德国经济实力最强的城市之一，人均GDP为172.437欧元（2017年8月），是德国其他主要城市人均GDP（50.694欧元）的3倍，远远领先于德国的金融中心法兰克福和德国其他汽车工业城市。

服务业的发展使沃尔夫斯堡逐渐成为宜居城市与旅游城市。艾尔勒公园提供就业岗位数百个②，每年吸引游客约300万人次。大众汽车城每年接待超过200万访客，是仅次于巴黎迪士尼乐园的欧洲客流量第二的主题乐园。大众品牌文化的塑造带来了城市形象的逐渐丰满，沃尔夫斯堡作为世界闻名的汽车运动休闲特色小镇逐渐成为现代德国的一张名片。

---

① Matthias Leitzke. wolfsburg：district of the future to become a reality in wolfsburG's nordkopf area[W]. https：//www.signa.at/en/news/wolfsburg-district-of-the-future-to-become-a-reality-in-wolfsburgs-nordkopf-area/。

② 根据沃尔夫斯堡当地媒体 Wolfsburger Allgemeine 报道，艾尔勒公园 2000—2010 年提供就业岗位为 350 个。

汽车运动休闲
特色小镇元素分析
Wolfsburg
德国沃尔夫斯堡
MOTORSPORTS & LEISURE CHARACTERISTIC TOWN
FACTOR ANALYSIS
核心元素 CORE ELEMENT
可选元素 OPTIONAL ELEMENT
大众汽车公司总部
大众汽车城
未来宜居城市
新生代艺术家活动中心
支撑产业
汽车产业
农林产业
文化产业
体育产业
休闲产业
新兴产业
……
特色旅游
自然风光
历史人文
其他运动
教育培训
技术研发
汽车文化
汽车科普
汽车艺术
汽车展览
节日活动
……
汽车休闲
汽车旅游
汽车营地
城镇发展
人口
土地
经济发展
……
汽车运动
国际赛车场
城市汽车街道赛
驾驶体验
卡丁车运动
耐力赛
跨界拉力
城市SUV体验
直线竞速
越野
车手培训
大众赛车

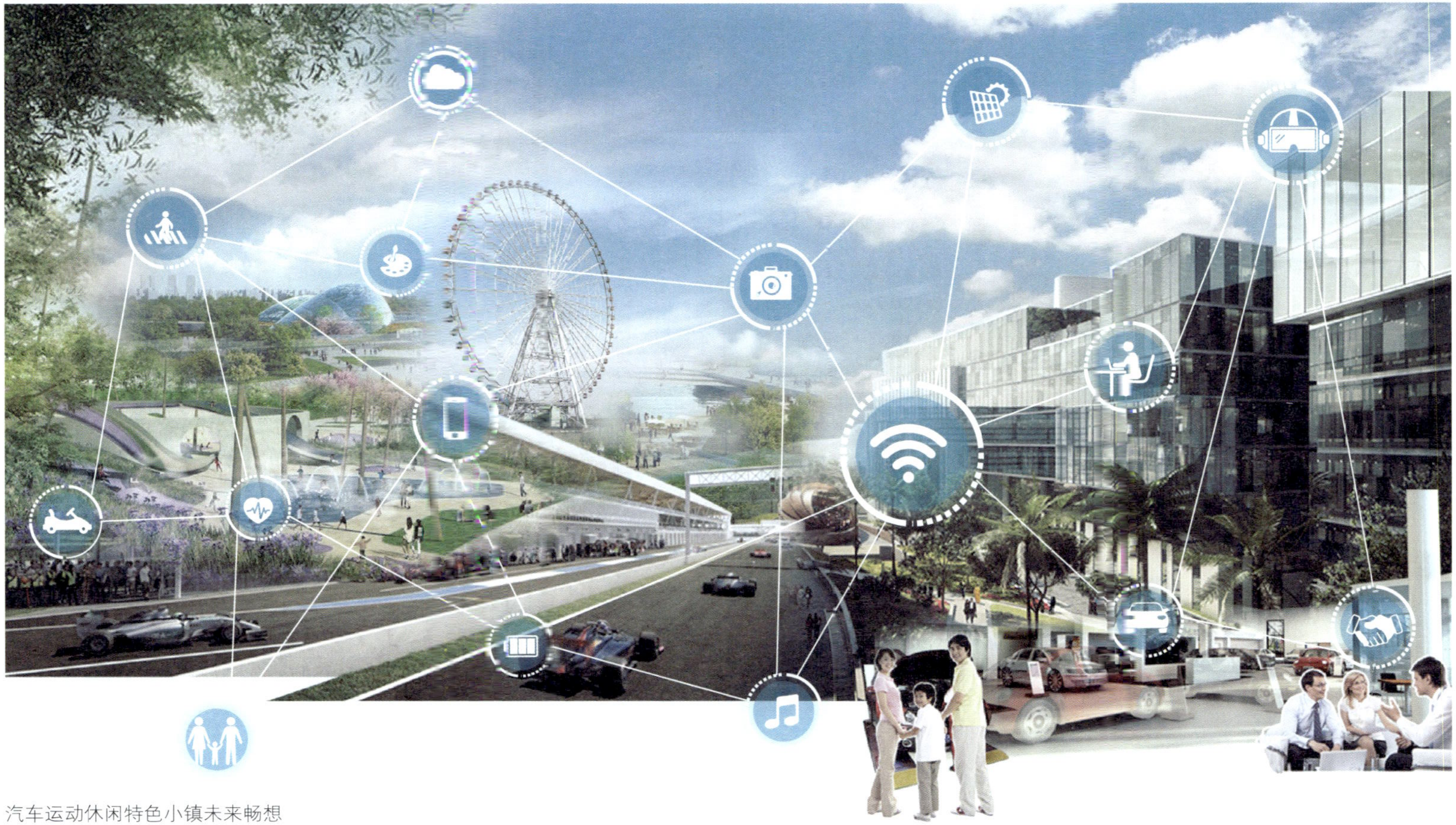

汽车运动休闲特色小镇未来畅想

图片来源索引

图 1 1　作者绘制
图 1-2　作者绘制
图 1-3　https://www.ebay.co.uk/itm/Nurburgring-sticker-decal-fits-all-cars-200mmx120mm-white-color-/153502654410

作者拍摄
图 2-1　康奈尔大学城市规划图书馆开放资料
http://urbanplanning.library.cornell.edu/DOCS/howard.htm
图 2-2　https://elephant.art/rewriting-rural-dark-truth-great-outdoors/25-helmut-jacoby-milton-keynes-in-1990-1971/
图 2-3　“La France Automobile” (in Histoire de l’Automobile”, Pierre Souvestre, 1907, p.277)
图 2-4　Jules Beau
图 2-5　金华市经济技术开发区管委会提供
图 2-6　金华市经济技术开发区管委会提供 / 作者拍摄
图 2-7　金华市经济技术开发区管委会提供
图 2-8　https://auto.163.com/19/0529/20/EGCE34SP000882UN.html
http://english.jiading.gov.cn/2013-07/05/content_16736375.htm
图 2-9　http://jl.gov.cn/mobile/zw/sydtp/202010/t20201012_7598640.html
图 2-10　https://www.163.com/dy/article/FITQ6AMH0515FOCD.html
图 2-11　https://www.sohu.com/a/135247075_753404
图 2-12　贵州骏驰国际赛车场提供
图 2-13　鄂尔多斯国际赛车场提供
图 2-14　鄂尔多斯国际赛车场提供
图 2-15　鄂尔多斯国际赛车场提供
图 2-16　秦皇岛首钢赛车谷提供
图 2-17　https://m.focus.cn/qhd/zixun/7edf5ef3ef656303.html
https://m.focus.cn/qhd/zixun/7edf5ef3ef656303.html
图 2-11　http://www.zfdqqcc.com/
http://www.zfdqqcc.com/
图 4-1　shutterstock
图 4-2　Museo E Tesoro Del Duomo Di Monza
图 4-3　Planet Labs, Inc.
图 4-4　https://www.hotcars.com/monza-eni-circuit-hidden-details/

图 4–5　https://monzapizza.com/

图 4–6　https://de.wikipedia.org/wiki/N%C3%BCrburg_(Burg)

图 4–7　https://www.nuerburg.de/

图 4–8　https://www.nuerburg.de/tourismus

图 4–9　FIA

图 4–10　https://www.dbusiness.com/daily–news/detroit–grand–prix–signs–deal–to–hold–race–on–belle–isle–through–2021–with–two–year–extension/

图 4–11　A self driving shuttle from May Mobility transports commuters in downtown Detroit. Photographer: Jim West/Alamy

图 4–12　https://www.stuttgart–tourist.de/data/mediadb/cms_pictures/%7B18106d1c–e426–4fbb–04a8–50ac021eb014%7D.jpeg

图 4–13　https://www.porsche.com/

图 4–14　http://www.dronestagr.am/wp–content/uploads/2017/07/DJI_0024–1200x800.jpg

图 4–15　https://ascari.net/en/about–ascari/

图 4–16　https://www.gtplanet.net/gt6–ascari–race–resort/

图 4–17　https://www.autoevolution.com/news/2015 goodwood–festival–of–speed–to–appear–on–television–this–month–97397.html

图 4–18　Qatar Goodwood Festival https://www.goodwood.com/motorsport/goodwood–revival/

图 4–19　http://www.goodwoodrevivaltour.com

图 4–20　秦皇岛首钢赛车谷提供

图 4–21　http://www.chinagt.net/list/17/648.htm

图 4–22　鄂尔多斯国际赛车场提供

图 4–23　鄂尔多斯国际赛车场提供

图 4–24　Aaron Noah M; Dubai Autodrome Circuit Hire .
https://www.dubaiautodrome.com/events/toll–racing–dxb–18–july–2019–2–2–2–2/

图 4–25　https://en.wikipedia.org/wiki/File:Dubai_motor_city.jpg

图 4–26　https://visitabudhabi.ae/en/what–to–see/historical–and–cultural–attractions/emirates–national–auto–museum#

图 4–27　作者拍摄

图 4–28　Distribution Astrium Service / Spot Image.

图 4–29　https://commons.wikimedia.org/wiki/File:Route66_sign.jpg

图 4–30　https://www.ridingroute66.us/route–66–travel–in–the–comfort–of–our–minibus

图 4–31　https://commons.wikimedia.org/

图 4–32　作者译制

图 4–33　chiara giannoni; https://1000miglia.it/enjoy/history/2018–edition/?lang=en
MaxPixel’s contributors; Garda Limone Brescia Port Holiday Lombardy Italy.
https://www.helloitalytours.com/blog/the–perfect–holiday–in–brescia/

图 4-34 作者绘制

图 4-35 作者绘制

图 4-36 作者绘制

图 5-1 http://suzuka21.com/report/5569.html

图 5-2 Le citt à dei motori https://youtu.be/vNARqVUrLeU

图 5-3 作者绘制

图 5-4 作者绘制

图 6-1 作者绘制

图 6-2 作者绘制

图 7-1 https://de.wikipedia.org/wiki/Stra%C3%9Fenbahn_Le_Mans

图 7-2 Perche Sarthois. let us tell you the story of Grand Prix de l' Automobile Club de France 1906. let us tell you the story - www.perche-sarthois.fr

图 7-3 Perche Sarthois. let us tell you the story of Grand Prix de l' Automobile Club de France 1906. let us tell you the story - www.perche-sarthois.fr

图 7-4 作者拍摄

图 7-5 Perche Sarthois. let us tell you the story of Grand Prix de l' Automobile Club de France 1906. let us tell you the story - www.perche-sarthois.fr

图 7-6 作者拍摄

图 7-7 https://www.lemans.org/en/news/24-heures-motos-applications-open-28-january-2021/54671

图 7-8 https://traveldestinations.co.uk/travel-destinations-news/prices-le-mans-24-hours-2015-available/

图 7-9 作者拍摄

图 7-10 Selbymay. https://commons.wikimedia.org/wiki/File:Le_Mans_-_Cathedrale_St_Julien_ext_02.jpg

图 7-11 https://www.lemans.fr/dynamique/des-idees-de-visite/les-monuments/la-cathedrale/

图 7-12 http://www.nuitdeschimeres.com/?lang=en

图 7-13 Europa Jazz

图 7-14 http://leguidedesfestivals.com/2014-europa-jazz-18908.html

图 7-15 LE MANS PLANT. Groupe Renault. https://group.renault.com/en/our-company/locations/le-mans-aci-plant/

图 7-16 https://search.isepstudyabroad.org/University/Detail/69ADD452-FCF7-469F-A5CC-5782934344F3

图 7-17 The FFSA Academy. https://www.ffsaacademy.org/lacademy/presentation/?lang=en

图 7-18 作者拍摄

图 7-19 作者拍摄

图 7-20 作者拍摄

图 8-1 https://www.wfyi.org/news/articles/still-may-in-speedway-contest

图 8-2 Automotive industries, Volume 21

图 8-3 tpsdave
https://commons.wikimedia.org/wiki/File:Indianapolis-motor-speedway-1848561.jpg

图 8-4 DANIE.VASAN
http://autocomponentsindia.com/allison-transmission-india-assimilates-global-best-practices/

图 8-5 The359
https://commons.wikimedia.org/wiki/File:2007_Indianapolis_500_-_Starting_field_formation_before_start.jpg

图 8-6 https://www.indianapolismotorspeedway.com/events/indy500/

图 8-7 1925. Courtesy of the Indiana Historical Society, Bass Photo Company neg. 91531.
https://historicindianapolis.com/indianapolis-then-and-now-polk-sanitary-milk-company-1100-e-15th-street/

图 8-8 Chris Owens/Indianapolis Motor Speedway.
https://www.wfyi.org/news/articles/indy-500-milk-tradition-whats-inside-that-glass-bottle

图 8-9 Indianapolis Motor Speedway
https://www.indianapolismotorspeedway.com/news-multimedia/news/2017/05/25/miller-lite-carb-day-checklist-2017

图 8-10 https://www.childrensmuseum.org/blog/10-facts-about-ipl-500-festival-parade

图 8-11 A New Turn for Speedway Museum. By Indianapolis Motor Speedway Museum

图 8-12 Sarah Stierch.
https://www.flickr.com/photos/sarahvain/17314510024/

图 8-13 https://www.indianapolismotorspeedway.com/news-multimedia/photos/2020/08/23/104th-running-of-the-indianapolis-500-presented-by-gainbridge-sunday-august-23-2020

图 8-14 https://www.dallara.it/en/dallara-usa/about

图 8-15 Doctorindy
https://commons.wikimedia.org/wiki/File:USACOfficeSpeedwayIN.jpg

图 8-16 https://www.indianapolismotorspeedway.com/news-multimedia/news/2018/04/21/brickyard-crossing-included-on-new-pete-dye-golf-trail-2018

图 8-17 https://seatingchartview.com/indianapolis-motor-speedway/

图 8-18 https://www.omnihotels.com/-/media/images/hotels/indsev/destinations/indy-skyline-over-monument-circle.jpg?h=660&la=en&w=1170

图 9-1 https://www.budgetyourtrip.com/united-states-of-america/daytona-beach

图 9-2 http://lacotedesmontres.com/en/Rolex-from-Daytona-to-the-Cosmograph-Daytona-A-passion-for-speed-A-place-a-watch-a-legend-No_9716.htm

图 9-3 https://www.watchtime.com/featured/tracking-the-rolex-daytona-a-53-year-history/

图 9-4 RUSTY BLACKWELL, GETTY IMAGES, ISC ARCHIVES & RESEARCH CENTER

图 9-5　https://thebeachers.com/blog/daytona-beach-attractions.html
图 9-6　https://3gt-racing.com/2017/01/29/rolex-24-daytona-photos/
图 9-7　https://www.newsmyrnachevy.com/blogs/692/daytona-experience-package/
图 9-8　https://www.expedia.com/Daytona-Beach-Hotels-Daytona-Beach-Regency-By-Diamond-Resorts.h40772.Hotel-Information
图 9-9　https://www.visitflorida.com/en-us/cities/daytona-beach/family-vacation-ideas-daytona-beach.html
图 9-10　Ladies Professional Golf Association (LPGA) https://in.linkedin.com/company/lpga
图 9-11　https://www.highrises.com/daytona-beach/
图 10-1　https://detour-roadtrips.com/home/tag/Silverstone
图 10-2　https://classics.honestjohn.co.uk/top-10s/top-10-classic-special-editions/?image=6
图 10-3　https://www.formula1.com/en/latest/features/2016/5/f1-first-race-1950-silverstone.html
图 10-4　Jessica Pilkington
图 10-5　Motorsport Industry Association
图 10-6　作者拍摄
图 10-7　National College for Motorsport
图 10-8　Mercedes-AMG F1 W09 EQ Power+ officially revealed
图 10-9　https://www.silverstone.co.uk/
图 10-10　作者拍摄
图 10-11　作者拍摄
图 10-12　作者拍摄
图 10-13　https://www.motogp.com/en/event/Great+Britain
图 10-14　Silverstone Farm, North Elmham, Norfolk, NR20 5EX; http://georgecartergardens.co.uk/silverstone-farm
图 10-15　https://www.silverstone.co.uk/events/lap-land
图 11-1　Matthias Leitzke, https://www.signa.at/en/news/wolfsburg-district-of-the-future-to-become-a-reality-in-wolfsburgs-nordkopf-area/
图 11-2　作者拍摄
图 11-3　https://www.ndr.de/ratgeber/reise/braunschweiger_land/wolfsburg6169_backId-stadtwolfsburg127.html#content
图 11-4　picture-alliance / KPA/Andres, Foto: KPA. Photo-Walterhöfer/667. https://www.ndr.de/ratgeber/reise/braunschweiger_land/wolfsburg6169_backId-stadtwolfsburg127.html#content
图 11-5　https://www.autostadt.de/
图 11-6　https://www.autostadt.de/
图 11-7　Volkswagen. https://www.volkswagenag.com/en/media/story.html

图 11-8　作者拍摄
图 11-9　https://www.alvolante.it/news/legge_volkswagen_europa_non_ci_sta-562411044
图 11-10　作者拍摄
图 11-11　作者拍摄
图 11-12　Nils Hendrik Mueller
图 11-13　作者拍摄
图 11-14　https://www.autostadt.de/
图 11-15　作者拍摄
图 11-16　https://www.autostadt.de/en/explore/zeithaus/new-mobility-new-thinking
图 11-17　作者拍摄
图 11-18　作者拍摄
图 11-19　https://www.autostadt.de/
图 11-20　https://www.allerpark-wolfsburg.de/en/
图 11-21　funky1opti. https://commons.wikimedia.org/wiki/File:Borussia_dortmund_wolfsburg.jpg
图 11-22　Reise Reise.
https://commons.wikimedia.org/wiki/File:Wolfsburg_Fachhochschule.jpg
图 11-23　planetarium-wolfsburg.
https://planetarium-wolfsburg.de/de/startseite/
图 11-24　dpa - Bildfunk, Foto: Jochen L ü bke.
https://www.ndr.de/ratgeber/reise/braunschweiger_land/wolfsburg6169_backId-stadtwolfsburg127.html#content
图 11-25　作者拍摄
图 11-26　Slobodan, Michael.
https://www.volkswagenag.com/en/news/stories/2018/01/movimentos-dignity.html#
图 11-27　https://www.wolfsburg.de/leben/stadtportraitstadtgeschichte/kurzportrait
图 11-28　作者拍摄

以下图片由作者自绘。

P7、P8、P97、P98、P99、P100、P105 下、P114、P119 中、P124、P129 中、P134、P139 中、P146、P150 下、P160、P161

特别说明：

关键词索引